U0132132

正念的奇迹

获得身心的安详和悦乐

[法] 一行禅师 著　丘丽君 译

河南文艺出版社
·郑州·

图书在版编目（CIP）数据

正念的奇迹 /（法）一行禅师著；丘丽君译. -- 郑
州：河南文艺出版社，2022.12
ISBN 978-7-5559-1254-5

I. ①正… Ⅱ. ①一… ②丘… Ⅲ. ①禅宗—人生哲
学—通俗读物 Ⅳ. ① B946.5-49

中国版本图书馆 CIP 数据核字（2022）第 115735 号

豫著许可备字 -2023-A-0145

正念的奇迹

策　　划	刘晨芳				
责任编辑	刘晨芳　丁晓花				
责任校对	殷现堂				
装帧设计	张　萌				
内文制作	罗家洋				

出版发行	河南文艺出版社	印　张	6		
社　　址	郑州市郑东新区祥盛街 27 号 C 座 5 楼	字　数	71 000		
承印单位	北京盛通印刷股份有限公司	版　次	2023 年 12 月第 1 版		
经销单位	新华书店	印　次	2023 年 12 月第 1 次印刷		
纸张规格	880 毫米 × 1230 毫米　1/32	定　价	58.00 元		

一行禅师

（1926 年 10 月 11 日—2022 年 1 月 22 日）

具有全球影响力的佛学大师、和平活动家。

1926 年生于越南，16 岁出家。

20 世纪 60 年代，得到普林斯顿大学支持，赴美国学习，先后在康奈尔大学和哥伦比亚大学讲授佛法。一生传播贴近普通人的"生活佛法"，传递正念生活之道，同时宣扬非暴力的和平理念。

1967 年，一行禅师被黑人民权领袖马丁·路德·金提名为诺贝尔和平奖候选人。

1973 年，越南政府取消他的护照，拒绝他回到越南，一行禅师流亡到法国。

1982 年，一行禅师在法国南部建立"梅村"禅修道场，近30 年来，在欧洲和北美也建立了许多"正念静修中心"，为佛教界人士、普通人和许多孩子提供了大量的帮助，其著作也已被翻译成四十多个国家的文字。

目　录

序言
一行禅师：以慈悲之眼观照 [1]

1968 年，我和一行禅师与"和平联谊会"（The Fellowship of Reconciliation）一起旅行，一路上会见了教会、学生团体、参议员、新闻记者、教授、企业人士和几位临终助念者（blessed relief）。这位穿着褐色僧袍的越南僧侣（那时四十多岁的他看起来很年轻）很快就征服了所有见过他的人。

一行禅师的温文尔雅与聪慧明理让每个遇到他的

1　本文为英译者序言，译者为詹姆斯·福雷斯特（James Forest），美国人。

人都消除了对越南人的成见。他讲述的故事和开示满溢着昔日越南人与佛教徒的浩瀚宝藏。他对基督教的关注，甚至是热忱，常常启发基督徒以谦虚的姿态对待一行禅师的教派。

他促使数以千计的美国人，透过越南那些在古老竹林环绕的村庄里，在水田中耕作与养育儿孙的农民的眼睛看这场战争。当他描述村子里风筝工匠的手艺，那些看似脆弱的"空中飞船"（风筝）一旦直上云霄便迎风呼啸时，成人内心深处的童真莫不被唤醒。

只要和他待上一个小时，越南的美就会萦绕在你心头，你会对美国的军事入侵给越南人民带来政治与文化上的苦难感到痛心疾首。人们破除了对意识形态的迷信，那不过是正当化战争中的一方或另一方而已。人们感受到战争的残酷：轰炸机横扫而过的天空，燃成灰烬的房屋和人们，活下来的孩子面对的是失去双亲与祖父母、失去爱的生活。

然而，某天傍晚发生了一件事，一行禅师不但没有唤醒一个美国人的同情心，反而激起他无谓的愤怒。当时，一行禅师正在美国圣路易斯郊区一座华贵的基督教教堂发表演讲。像往常一样，他强调美国人必须停止在越南的轰炸和杀戮。轮到听众提问时，一个大个子男人站起来，语气尖刻地嘲讽"这位一行先生所认为的慈悲"。

　　"一行先生！如果你这么关心你的同胞，你为什么在这里呢？如果你这么关心那些受伤的人，你怎么不花时间和他们在一起？"写到这儿，我没有再去回忆他说的话，而是想起当时那种不能自已的强烈的愤怒。

　　那个男子说完后，我茫然地朝一行禅师看过去。他或是其他人能说什么呢？刹那间，战争的幽灵飘荡在屋子里，快要令人窒息。

　　四周一片沉默。这时，一行禅师轻轻地开口说话了，沉着镇定，对那个刚刚还在责难他的男子怀着他个人真切的关怀。他的话如同浇灭大火的甘霖。他说："如果你希望树木成长，给叶子浇水是起不了作用的，你必须灌溉树根，这场战争的大部分根源在这里，在你的国家。我要帮助那些被轰炸的人，尽力保护他们不再受苦，我必须在这里。"屋子里的气氛发生了变化。

在这男子的愤怒中，我们体验了自己的愤怒，我们透过一个被轰炸的半岛来看这个世界。一行禅师的回应让我们体验了另一种可能：用慈爱克服瞋恨的可能，打破人类历史上似乎永无止境的暴力连锁反应的可能（由一个佛教徒带给我们这些基督徒的；由一个美国人的"敌人"带给我们这些美国人的）。

可是一行禅师做完回应后，对主席低声说了些什么，然后快步走了出去。我觉得有些不对劲，就跟着他出去。那一夜天清气爽。一行禅师站在教堂停车场旁边的人行道上。他就快喘不过气来，像是一个潜入深水，很久没有浮出水面换气的人。几分钟过后，我才敢问他怎么了，究竟发生了什么事。

一行禅师解释说，那名男子的话让人烦乱极了。他也想以愤怒反击，所以必须尽可能缓缓地深吸一口气，好让自己冷静宽容地做出回应。但是那一口气太缓太深了。

"你为什么不对他生气？"我问，"就算是反战人士也有权利生气。"

"如果这只是我个人的事，我是可以生气。但我在这里代表越南农民说话，我必须让他们看到我们最良好的品质。"

那是我生命中重要的时刻之一，我从那时候起就没有停止过对这件事的思考。首先，是因为我第一次了解人的呼吸方式与他如何回应周遭世界存在着某种关联。

直到最近，一行禅师才尝试教西方人禅修的方法，即他通常称之为“正念”的方法。还只是在去年，他才开始教授禅修，先是在巴黎授传几个在越南佛教和平代表团帮忙的西方朋友，后来在当地指导贵格会国际中心的一个团体。现在，他终于写下这本以禅修为主题的小书——《正念的奇迹》，一本禅修的指导手册。

一行禅师是一位诗人、禅师，也是和平联谊会的联合主席。在越南，他是推动“入世佛教”的主要人物，这是一项意义深远的宗教改革，以慈悲为本，服务为怀，将非暴力反战的立场本身与救助战争受难者结合起来，做了不计其数的实事。数以千计的佛教徒，包括比丘尼、比丘与在家居士，因为他们的这些工作被枪杀或囚禁。

一行禅师在越南创立了社会服务青年学校、梵汉大学——一座非暴力运动早期基地的小寺院、一份反战地下刊物（由同伴高玉芳主办），以及致力文化宗教改革的主要媒介——拉波出版社。他的诗成为当代越南许多最受欢迎歌曲的歌词，那是在悲伤中依然吟咏希望的歌词。

即使被放逐，他也继续代表越南佛教联合会，在海外统筹来自其他国家对越南的援助，成为非暴力支持越南停战的一股力量。（他与马丁·路德·金的友谊，是金博士决定不顾同僚与支持者反对"混淆黑人民权和反越战诉求议题"，加入反越战行列的因素之一。就在金博士遇刺前，他提名一行禅师为诺贝尔和平奖候选人。）

他的书在越南境外出版的只有少数几本（编者按：这是1976年的状况，现在一行禅师的许多著作都已被翻译为多国语言，在世界各地出版发行）：《火海之莲》（*Lotus in a Sea of Fire*）、《越南的呐喊》（*The Cry of Vietnam*）、《步步安乐行》（*The Path of Return*

Continues the Journey)、《禅的要领》(*Zen Keys*)与《渡筏非彼岸》(*The Raft Is Not the Shore*)。

在越南佛教和平代表团位于巴黎的寓所，与一行禅师及其同伴对话的过程中，我们开始回过头来思考禅修层面在众多美国和平运动中的缺席。它的缺席解释了为什么诸多"和平"运动（也许称之为"美国撤军运动"更好些），都对佛教徒的非暴力反战活动兴趣索然。手无寸铁的佛教徒并不被真正看作"政治性的"，仅仅被视为宗教运动：与其他宗教运动相比，他们勇敢非凡、令人钦佩，然而不过是边缘运动。

美国的和平运动者可以从越南伙伴身上学到的是：除非和平运动纳入更多禅修层面的东西，否则我们对真实的感知（以及我们增进人们对状况的理解、改善局面的能力）将产生严重偏差。不管我们拥有什么样的宗教或非宗教背景，说什么样的语言，我们都会忽略一些对生活与工作至关重要的事物，就像忽略呼吸那样。

　　就呼吸而呼吸。呼 —— 吸。简单专注于呼吸在禅修和祈祷中发挥着关键作用，这在许多人看来是一个惊人的讯息。就像悬疑小说家想到将钻石藏在金鱼缸里一样：太明显以至于没有人注意。自从这个"讯息"成功越过我那套怀疑论的封锁线，我对它确信万分，主要是确信自己的体验。

　　禅修的难点在于：修炼的内容近在眼前，唾手可得。就像一行禅师指出的那样，禅修的机会处处都有：在浴缸里、在厨房水槽里、在砧板上、在人行道或小路上、在上下楼的阶梯上、在示威警戒线上、在打字机前……可以说是无所不在。有寂静无声的时间和空间，当然最好、最有益，但是这些条件并非不可或缺。禅修生活无须待在僻静的温室中。（虽然它确实需要特定的时间段，甚至是一星期中的某一天，特别专注地禅修以变得更加正念分明。基督教徒和犹太教徒对这样的安息日应该不陌生。)

在怀疑论者看来，一行禅师的主张很荒谬，不过是历史终结前的一个冷笑话，是老掉牙的"神秘主义"在胡言乱语，玩弄最后一次花招。不过，和平主义者选择手无寸铁地屹立在杀戮的世界中守护生命，这信念本身也让很多人感到震惊，产生的荒谬感不亚于一行禅师的主张。

禅修只是让我们已开始的"放下屠刀"的运动迈出更实质与更深入的一步：不仅在面对政府、团体及军队时坚持非暴力，更要以非暴力面对现实本身。

这是一行禅师曾在别处提到过的一个了解简单真理的方式："缺乏慈悲的人，看不见那些须以慈悲之眼才能看到的事物。"那更为澄澈无碍的眼界使得"绝望"与"希望"产生微小却关键的差别。

写于 1976 年

导　语

正念是一个奇迹，通过它，我们能够主宰自己，收复自我。想想看，比方说，一位魔术师把自己的身体大卸八块，把每一块都放在不同的地方——手放在南面，胳膊放在东面，腿放在北面，然后借助于某种魔力，他大喝一声，使身体的每一个部分又重新组合到一起。正念就像这个魔术，它是一个奇迹，能够闪电般地召回我们散乱的心，使它恢复完整，这样，我们就能过好生命中的每一分钟。

洗碗的时候，一个人就应当只是洗碗。这句话的意思是，一个人应该对"他正在洗碗"这一事实了了分明。乍一看上去，这似乎有点愚蠢：为什么如此强调这么简单的一件事情呢？但是，这正是关键所在。我正站在这里洗碗这一事实，是一个奇妙的现实。当下我完全是我自己，随顺自己的呼吸，觉照自己的存在，觉照我的思想和行为。我绝不可能像一个波浪上的瓶子一样，左拍右击，毫无觉照地被抛来抛去。

如果洗碗的时候，我们只想着那杯茶正在等着我们去喝，于是，匆匆忙忙地把碗洗完，就仿佛这是一件很讨厌的事情，那么，我们就不是"为了洗碗而洗碗"了。还有，在我们洗碗期间，我们没有活在当下。实际上，当我们站在洗碗池边的时候，我们完全没有体会到我们在洗碗这一生命的奇迹。如果我们不会洗碗，那么，我们也同样不会喝茶。喝茶的时候，我们将会只想着其他的事情，几乎没有意识到我们手中的茶杯。这样，我们就会沉浸于对未来的遐思中，不能真正地过好生命里的哪怕是一分钟。

当你行走在乡间小路上的时候，你可以修习正念。沿着一条土路往前走，周围环绕着片片青草，如果你修习正念，你就会体验到那条小路，那条通往乡间的小路。你通过保持这个念头而修行："我正走在乡间的小路上。"不管天气是晴朗还是阴雨，不管小路是干燥还是潮湿，你都保持着这个念头，但是，不要只是机械地重复它。机械思维是正念的对立面。当我们漫步在乡间小路上的时候，如果我们真正地投入正念当中，那么我们就会把自己所迈出的每一步都视为一个无尽的奇迹。此时，一股喜悦就会涌上心头，如同一朵花儿绽放在我们的心间，使我们能够进入实相的世界。

我喜欢一个人漫步在乡间小路上，路旁长满了秧苗和青草，我在正念中迈出每一步，知道自己正行走在美妙的大地上。在这样的时刻，生命是一个奇妙的、不可思议的事实。人们通常认为在水面上行走或者在稀薄的空气里行走是一个奇迹。但是我认为，真正的奇迹既不是在水上行走，也不是在稀薄的空气里行走，而是行走于大地上。每天，我们都会被一个我们过去不曾认识到的奇迹所吸引：蓝天、白云、绿叶、孩子们乌黑好奇的眼睛——我们自己的双眼。所有这些都是一个奇迹。

《正念的奇迹》导读

樊登　帆书 APP 创始人、首席内容官

读书是为了解决问题。如何面对生活中层出不穷的状况和我们内心的焦虑情绪？我推荐大家读这本《正念的奇迹》。

这本书对我帮助特别大，自从读完这本书以后，我发现我在人生当中变得淡定了很多。这个不是通过简单的磨炼就能够做到的，是有方法的。如果不掌握方法的话，你永远都不知道该如何面对自己的负面情绪。

人生最大的奇迹

什么是人生最大的奇迹？不是你能够腾云驾雾，不是你能够踩着火跑过去，而是你每天能够吐出一口气，还能够吸进来。你不觉得这很奇妙吗？一口气吐出去之后还能够吸进来，你的身体就会运转，你这个人就会活着。

当你能够把注意力放在自己的一呼一吸之间，让你分明地觉知到自己身体的状况，这个状态叫作"正念"，这才是人生最重要的奇迹。当你掌握了"正念的奇迹"以后，你会发现其实人世中各种各样烦扰我们的负面情绪，只是一些表象的东西，也就是佛教经常讲到的"空"。

很多年轻人不理解什么是"空"。"空"就是没有吗？难道都是骗人的吗？但是我真的生气呀。"空"不是没有，"空"的核心含义叫作"法无自性"，没有确定的本性。

比如说这个桌子一定是个桌子吗？此刻它因缘和合，所以在这儿放着的是个桌子。但是如果它过两年因缘消散了，它被劈成柴、烧成灰，扔在草地里，长成了植物，被动物吃下去变成了动物的一部分，它就又变成了另外一种状态，这叫作"法无自性"。换句话讲，你看这是个人对吧？此刻因缘和合，所以他是个人；但他并没有人这个自性，过两年因缘消散了，他可能会有些变化。周围外在的这些东西是"空"的，是没有自性的。唯一实在的、你可以去关注的东西，是你心里边的起心动念。观察它，它自然会逐渐消散。

保持正念，专注于当下

这样讲可能太玄了，咱们从书的脉络来看。一行禅师是什么人？他是一个留在法国的越南人。他是一个和平主义者，整个战争期间都在欧洲、美国奔波，"越战"期间号召大家要停止战争。后来他在法国建立了一个机构叫梅村，梅村专门收留全世界想要去修炼自己的正念的人。

这本《正念的奇迹》是一行禅师在法国时写给自己朋友的一封长信。在这封信里边，他没有详尽地阐述佛理，而是帮我们把正念讲得非常清晰。

书的开篇就讲了一个场景，我相信这个场景大家都遇到过。有一个法国年轻人曾经跟着一行禅师修炼，他结婚了以后，每天除了像原来那样打坐修行之外，还得去上班，还得照顾自己老婆的情绪，还得给孩子洗尿布，陪孩子玩。你们觉不觉得这个人会感觉自己的时间变少了？他自己忙着工作，还要与客户对谈、接电话、做 Excel 表格……同时，孩子就是不睡觉，还缠着他。我们很多年轻的妈妈或者爸爸都会觉得孩子占用了自己的时间。书的开篇就是这个年轻人跟一行禅师的对话。他说："我正在尝试着把正念的方法用到我的生活当中。我会发现我陪孩子的时间，也是我的时间；我跟我老婆在一起的时间，也是我的时间。"

这个世界上并没有所谓的"我的时间"或者是"你的时间"。当你在陪孩子的时候，你满脑子想的都是他占据了我的时间，他占用了我原本应该工作的时间，只要"分别心"一出来，你是不是特别焦虑？这种焦虑的情绪并不能帮助你快速地解决与孩子之间存在的问题，反过来焦虑的情绪会让你更加痛苦。

事实上，正念的方法就是告诉你，这一切都是你今天的生活。当你在陪孩子的时候，你就认真地专注于孩子；孩子休息了，你就去专注地工作。你时时刻刻都能够保持正念，包括你陪老婆逛街，等等。

你们在洗碗的时候会想什么？我曾经试过，假如我洗碗的时候，正好有一大群朋友在打麻将，或者等着看电影，说"樊登你快点来"，我就希望赶紧洗完。如果油渍洗不掉的话，就会觉得很烦、好脏，然后会滴很多洗洁精，想着赶紧洗完。

当你在想着赶紧洗的时候，你觉得你享受了洗碗的过程吗？没有，你没有享受，你在期待着它早点结束。你洗碗的过程是不是你人生的一部分？你的焦虑和你的痛苦能够让你不洗这个碗吗？用佛教的话讲叫"因缘注定"，因缘注定今天晚上这45分钟你得洗碗。所谓保持正念，是要求我们洗碗的时候就只是洗碗，也就是说在洗碗的时候，"应该对正在洗碗这个事实保持全然的觉知"。

什么叫作保持全然的觉知？你们试一下，当你的手摸过碗边，说，"我正在洗这个碗，这个碗正在变得越来越光滑"。然后我能够觉照到我的存在，并且能觉照到我的心念与动作，这就叫作正念，这是正念的奇迹。

如果我们洗碗的时候只想着接下来要去喝的那杯茶，或者要赶紧加入朋友们的聊天或者游戏，或者去看一部喜欢的电视剧，这时候你就会急急忙忙，特别想早点把碗洗完，洗碗本身变成了一件很令人厌恶的事情。你给你自己的人生创造了一件令人厌恶的事情，而这件事情实际上是你人生的一部分。

洗碗是个很简单的修炼吧？那么再往大里说，我们看看吃饭。《中庸》里边有一句话讲得特别好，古往今来有那么多人吃了那么多的东西，"鲜能知味者"，很少有能够知道那个东西的味道到底是什么样的。因为我们吃饭的时候在想着"待会吃完了去哪儿、要干什么"，想着"咱们赶紧吃，别耽误事"。

你本来想享受一顿大餐，但是大餐上来的时候，你做的第一件事是拍照，先拍照发到我的微博上、发到微信上，给大家秀一下。你的注意力根本没有在这顿饭上。一行禅师甚至要求你的注意力要放在每一口味道之上。你如果能够分明地、在吃每一口饭的时候都能够感受到食物的味道，这就叫作修炼正念。

这个修炼为什么会对我们有帮助呢？一行禅师有一个学生叫吉姆，是个外国人。吉姆有一次跟他一块儿出差，两个人坐在一棵树下开始分吃一个橘子。吉姆的表现是什么呢？很正常，咱们吃橘子时剥开一瓣放在嘴里，正在吃的时候，手去剥另一瓣，又准备放嘴里。在他还没有吃完这瓣时，他又准备去掰下一瓣橘子。这时候一行禅师就对吉姆说了一句话，"你应该先把含在嘴里的那瓣橘子吃了"。吉姆这才惊觉自己没有保持正念，没有处在正念的状态。

专注于吃橘子的每一瓣，才是真正的吃橘子。这和洗碗的修炼一样。吉姆后来因为经常搞反战游行进了监狱。禅师就给他写了一封信，信里边说："还记得我们一起分享的那个橘子吗？你在那里的生活就像那个橘子，吃了它，与它合为一体，明天一切都会过去。"

换个角度想，坐在监狱里和坐在这儿有什么区别？区别太大了。在监狱里你不自由，哪儿都去不了，你觉得被束缚了，很痛苦。但是这个"坐"有区别吗？事实上你会发现这个"坐"没有多大的区别，是什么令我们变得更加痛苦呢？

因此一行禅师告诉吉姆说，你坐监狱的时候，就要像我们当年吃那个橘子一样，每一口都能够感受到当下的感觉。这无非也就是找一个地儿坐着，找一个地儿躺着。《正念的奇迹》带给我们最简单的办法就是，你遇到任何问题，都要让身心收敛到自己体内，让自己知道自己此刻的状态是什么。

保持正念，你可以让自己专注在当下，这一点很重要。

我有一次坐飞机，碰到柳传志，他刚好坐我旁边。我很崇拜他，就找他给我签名。我当时在看《金刚经》，柳传志在看《杜拉拉升职记》。柳传志对我看《金刚经》感到很奇怪，说："小伙子你这么年轻，你怎么看这种书，看这种书对你有什么用？"

我问他："您既然问我，我就问问您柳总。您认为人生最大的痛苦是什么？"他说："人生最大的痛苦可能就是，一个人永远找不到自己想要的东西，想要的东西得到了又想要另一个。"

柳传志这样在我们看来已经很成功的人，依然是"想要一个东西得不到，得到了还想要下一个东西"。可见佛陀的说法没错，叫"求不得苦"。你想要的东西永远得不到，这个叫"求不得"。佛陀还说了"八苦"：求不得、怨憎会、爱别离、不欲临、生、老、病、死。

我说："这个不是最大的痛苦。"柳传志问："那你说什么是最大的痛苦呢？"我说："人生最大的痛苦，就是你认为自己不应该有痛苦的痛苦。"什么叫"你认为自己不应该有痛苦的痛苦"呢？痛苦发生在别人身上，你痛苦吗？你可能会觉得很好玩。这个人花了 500 万买股票，现在只剩 200 万了，乐死我了，这太逗了。你看别人用 500 万炒股，炒成 200 万，你特别开心，你把他还当成一个笑话。

别人失恋，你根本就不痛苦，对吗？但你自己失恋一下试试看，你会觉得特别痛苦，为什么呢？因为你认为你和别人不一样，你认为你不应该承受这样的痛苦。所以如何让你的这种痛苦尽快地控制住，然后熄灭掉呢？最好的方法是什么？

当你能够保持正念，你发现这只是一段经历而已，就能够控制住这种痛苦。我能够感受到我此刻的存在，这和我在其他任何地方所感受到的"我"是一回事。所以在这书里面接着讲，说奇迹就是你能够在大地上行走。当你知道正念就是指对当下的实相保有觉知的时候，生活中的时时刻刻就都成为你修行的机会，而不是只有在禅修的时候。

王阳明有一本书很有名，叫《传习录》，记载了很多他和他的学生的对话。有一个学生是省部级高官，给王阳明写信说："老师，你教给我的这些东西我觉得特别好，有一种反观内心，盯着你心的感觉。"王阳明的心学是不是跟正念很像？要盯着你心里的起心动念，始终保持觉知，知行合一。

什么叫知行合一？我们很多人把知行合一当作言行一致，或者把知行合一理解为先知后行。我的理解是：知行合一的核心是你在做每件事的时候，你的念头都没跑，而是专心在这一件事上面。

你们有没有试过拿着手机边走路边看微信？这样

走你会觉得特别累，为什么呢？因为你没有知行合一。当然这是我的解读，有可能被大家嘲笑，这很正常，但是我认为王阳明所说的知行合一，就是佛教里面所讲的正念。

王阳明的学生给他写信说："老师，你教的这些东西太牛了，特别好，我觉得真的特别棒，我很喜欢。但我的问题是什么呢？我没时间修炼，我一天到晚得忙着判案。"因为过去省部级高官都要判案。"我要一天到晚忙着判案子，俗物烦杂，我根本没有时间坐下来好好修炼。"

王阳明就给他回封信，说："我什么时候告诉你，修炼是要找一个时间专门坐下来练的？当你在给一个人断案的时候，那个人想要赢，送你钱，但是你不要，这是不是在修炼你控制贪心的能力？当一个人话说来说去说不清楚，你能够不烦躁，这是不是修炼你的耐心？案情很复杂，而你能够从中找出头绪，一点都不会烦，一点都不会沮丧，是不是修炼你的明辨之心？所以生活中任何一个节点都是你修炼的时机。"

这些话对我的启发非常大，而且可以跟《正念的奇迹》结合起来。读书只是给我们方法，修炼得怎么样，看我们各自的造化，还有精进的程度。所以我们说布施、持戒、忍辱、精进、禅定、般若，"六度波罗蜜"都要认真地修炼才行。

专注于工作，时刻保持警觉和清醒

那么如何修习正念呢？一行禅师的答案就是首先专注工作，工作的时候就专注于工作。我每次在讲课的时候会跟他们举这个例子：我在这儿讲课，我儿子五岁多，正可爱的时候，叫嘟嘟。你说是跟你们上课好玩，还是跟嘟嘟在一块儿好玩？大家说跟嘟嘟在一块儿好玩。如果我觉得我跟嘟嘟在一块儿更好玩的话，那么我在跟你们上课的时候，我是不是会变得焦虑？我心里会想着怎么还不下课，急死我了。

各位看到痛苦从哪儿来了吗？一切痛苦都从"分别心"而来。你天然地认为跟孩子在一起比跟这些人在一起要有意思，对吗？跟孩子在一起叫生活，讲课就叫工作。我经常看到大家发微信说，明天就周一了，好痛苦；或者说再坚持三天就到国庆节放假了。这只会让你变得更加痛苦、更加焦虑。

我甚至告诉你，你过节也未必真的开心。你们有没有人在过节的时候跟男朋友吵架？本来期待着一次很好的旅行，结果途中跟男朋友吵架，吵得一塌糊涂，根本不享受。我还问那些上了年纪的人，你们有没有陪孩子？他们说，陪了半个月，陪到最后快疯掉了，说快领走、快领走。所以，每一个东西都未必有一个自性，未必一定是快乐或一定是痛苦，是我们自己的"分别心"赋予了它们这样的概念。

事实上我今天坐在这里,注定给大家上课,这是我人生当中注定的一天。这一天里边咱们有缘从五湖四海过来,坐在一起上这门课程。我无论焦虑不焦虑,这一天我都要在这儿度过。我这时候应该享受当下,我应该好好体会此刻上课的感受,我的全副身心都在这个课堂上,这是一种缘分,就是知行合一。

我回到家的时候,我就不去考虑"我最近好久没挣钱了,我得赶紧出去挣钱,急死我了"。当你们长期度假,一直不开单的时候,你会不会觉得内心特别焦虑?因为你想赚钱。不要这么想,你应该好好享受你度假的生活。你在家里陪孩子时,就不要老想着我要出去挣钱。

所以修习正念的第一招:专注工作,时刻保持警觉和清醒,准备好应对任何可能发生的状况,然后随机应变。这是一行禅师的原话,这就叫正念。

越南人曾经讲过：修行最难的地方是在家里，其次是在工作中，再其次是在寺庙里。在越南人看来，到寺庙里面修行，会比在家里修行要容易得多。为什么在家里困难呢？打破你正念的东西太多了，有太多东西牵着你：美剧开始了、小孩子又哭了⋯⋯各种各样的事会出现⋯⋯把生活、工作和修行分开是很难实现的。

从专注于自己的一呼一吸开始

在这本书里，一行禅师还告诉了我们修习正念的一些具体的方法。比如说"有觉知的呼吸"，方法就是深吸一口气，知道自己在入息，然后深呼一口气，知道自己在出息。你知道自己在吸，知道自己在呼，入息长时知道自己入息长，入息短的时候知道自己入息短，出息长的时候知道自己出息长，出息短的时候知道自己出息短。数息法就是吸气的时候在心里数1，呼气的时候在心里数1，再吸气时在心里数2，再呼气时在心里数2，这样一直数到10，然后再从1开始。如果没有正念，你很难数清楚，有时候数着数着就乱了。

我游泳时有时想记住游了多少圈，但经常一走神就记不住，所以要时刻保持着正念，才能保证你能把每一次数得清楚。等到你不会再错的时候，你就可以不用数息法，只专注于自己的呼吸本身就可以了。

作者还告诉了我们一个修炼的方法，就是行、住、坐、卧都是禅。除了呼吸之外，我们要学会在行、住、坐、卧以及工作、洗手、洗碗、拖地、喝茶、会见朋友、聊天等时刻练习禅修，保持正念。这叫作：砍柴是禅，担水也是禅。

至道无难，唯嫌拣择

有一个故事特别有意思。有一个人悟道了，他的徒弟问他："师傅，你悟道了，悟道了以后有什么不一样呢？你都干了些啥？"师傅说："我悟道以后就是，'饥来吃饭困来眠'，饿了就吃饭，困了就睡觉。"徒弟说："我也是饿了就吃饭，困了就睡觉。为什么我就没悟道，你就悟道了。"师傅说："你看，咱们俩都是'饥来吃饭困来眠'。但是我是该吃就吃，该睡就睡，有啥吃的就吃啥，有地方睡就睡。你呢，'千般的挑剔，万般的拣择'。"

"至道无难，唯嫌拣择。"学道没别的，就是不要挑挑拣拣。我们很多人天天挑挑拣拣，觉得这个工作好还是那个工作好，这个活好还是那个活好，这顿饭好还是那顿饭好，这顿饭里这个菜好吃还是那个菜好吃。我们整天不断地挑剔，导致我们人生当中出现了大量的"分别心"，痛苦就油然而生。

有的人说你都修炼成这样了，生活还有意思吗？大家有没有这样的想法？说你都这样，有什么劲？什么叫有劲？就好像我们有很多人理解中庸，说如果每个人都秉持中庸，那这个世界上不是有很多无聊的人吗？他们认为中庸就是无聊，中庸就是凑合事，中庸就是差不多就行了。不对，中庸不是这个概念。

中庸是一个特别难达到的境界。孔夫子说他修炼了一辈子，没有见过一个能够做到中庸的人。我对中庸的解读是什么呢？中庸是合适的极致。你能够把合适这件事做到极致，做到最合适，这才叫中庸。同样当你能够无"分别心"，能够把中庸修炼到一定境界的时候，其实你的人生有着大把可以追求的东西，只不过你摆脱了社会的惯性。

我们为什么觉得应该去追求这个，应该去追求那个？是因为我们被社会的惯性所操纵。社会的惯性就是，别人住大房子，别人赚大钱，别人买豪车，所以我也得这样。如果我没有，我就会很痛苦，因为我着了社会惯性的道了。

什么是真正的自由？自由不是为所欲为。一个人为所欲为的时候，恰恰是处于最不自由的状态，因为他是自己情绪的奴隶。比如你突然做了一件很疯狂的事，你都不知道为什么。后来回想，我当时真不应该说那个话，我当时真不应该发飙，我太失态了。为什么当时会失态呢？因为根本不是你在控制你自己，是你的情绪在控制着你。

因此，怎么样才能够摆脱社会的惯性，不要被自己的情绪带着走？最好的方法就是调动你的正念。当你能够把正念调动出来，你时刻处在正念的状态之下，这个就叫佛性。佛陀悟道以后说的第一句话是什么？他说"异哉"，就是"真奇怪"，"众生皆具如来智慧德相，皆因妄想执着不能证得"，众生都具备如来的智慧德相，都跟我一样，只是"妄想执着，不能证得"。用我们现在的话讲，就是因为社会的惯性牵引着你不断地跑，所以你没法儿去面对你自在的佛性。当你能够把周围的这些东西放下，会发现这些东西都只是外在的纷纷扰扰，都只是外在的幻象，它们都没有自性。

照顾好自己的负面情绪

一件很坏的事，在若干年以后回过头来看会不会是一件好事？那件事本身并没有自性，它并非一定是个坏事，或者一定是个好事。如果你当时觉得它一定是个坏事，就会痛苦得不得了。当你愿意去修习正念，你就能够知道很多当时就不痛苦的方法。

比如这本书里面说，你可以给自己安排一个正念日。一周里面找出一天的时间来，这一天要时刻提醒自己保持正念，起床的时候告诉自己，今天是我的正念日，我要能够感受到我在起床，洗脸的时候知道我此刻在洗脸，吃饭的时候知道我此刻在吃饭。你可以生气，生气的时候要知道自己此刻在生气。怎么样能够让自己以最快的速度不生气？知道自己生气的那个人就能不生气。当你生气的时候，你能够站出来看着自己说，我此刻又在生气了，当你盯着自己说我此刻又在生气了的时候，那个生气的人就不生气了。

如果没有观察者，你任由自己生气的情绪带动着你去生气，你就永远停不下来。你必须能够面对自己的痛苦，而且除了面对之外，还要照顾它们。我们的负面情绪和我们的正面情绪一样，都是需要我们照顾的情绪，都是我们人生的一部分。

你能够好好地照顾你的负面情绪，就像照顾一个孩子一样，这个负面情绪就会慢慢地越来越懂事，它会跟你和平相处。当你出现负面情绪的时候，你往往想要压制它、跟它吵架，或者被它控制，忍住不发火。憋着会憋出病来的。你要关照他，说我又生气了，我又嫉妒了，我又贪著了。

核心就是我们之前讲的，你总是认为自己跟别人不一样。如果你问到最后，你发现自己跟别人其实是一样的，别人能够承受的痛苦我也一样能够承受，那么你有什么好难过的呢？

你们知道苏格拉底是如何面对死亡的吗？苏格拉底在被判死刑以后，在法庭上说："我现在去死，而你们将活着；究竟谁更不幸，只有天知道。"死和活在他看来没有什么太大的分别，只有天知道。

这本书的作者是一位得道的高僧，因此在后半段，他很轻松地就给我们展示了一个普通人难以企及的高度。在他写这本书的时候，他没有刻意地教我们佛法，但因为他的修为很高，所以他随便写一点生活，你就会觉得他特别高级。他说："有人说，如果以佛教徒的角度来看实相，你会变得悲观，但是悲观或乐观的想法都太简化了真理。"

我们经常会觉得自己悲观或者乐观，但他说："悲观或者乐观都太简化了真理。重点是实相真正呈现出来的样子，悲观的态度永远不会让安详的微笑绽放。"如果态度悲观的话，你的微笑永远不可能安详。那安详的微笑绽放在哪儿呢？浮现在菩萨和其他证道者唇边的微笑，那才是真正安详的微笑。所以无"分别心"就是无所谓悲观和乐观，最重要的就是修炼，保持正念的状态。

我是我的观察者

书中还提到如何去控制你的心念、负面情绪。无论何时，当善念升起时，要认识到我心中升起了一个善念。当恶念升起时，也要认识到我心中升起了一个恶念，不论你多么不喜欢，都不要执着其中或者试图消除它，认知就足够了。如果你已经离开了正念，你必须知道你已经离开了。如果你还保持正念，也要知道你还在保持，一旦有了这样的觉知，就没有什么好害怕的了。

任何事发生，都随它来，随它去。这跟西方的心理学是一样的。西方心理学定义的"我"是我的观察者。当你能够找到那个自我的观察者的时候，其实你就是在修炼自己的正念，而我们通常把那个自己的观察者丢掉了。所以禅宗经常当头棒喝，问你说："主人翁何在？"什么叫"主人翁何在？"现在你体内做主的那个人是你吗？还是一个奇怪的东西？

　　有一个励志的说法：当你觉得很多事都做不到的时候，最好是把能做到的事先做了，把你能做到的事做到最好，然后各种各样的事也就能逐渐地做好了。

　　你没法做到没有"分别心"，但是当你的"分别心"升起来的时候，你要知道我现在升起了"分别心"。你只要知道自己升起了"分别心"，"分别心"就在减弱。

　　一个典型的例子：有时候我也会有被人冒犯的感觉，觉得他跟我说话怎么这么不客气？那一刻我内心特别不高兴。在那一刻我一般就会提醒自己，我好像有"分别心"了，我觉得我还挺像那么回事的，但我真的是挺像那么回事的吗？我跟别人有多大差别？为什么别人可以被这样怠慢，我就不行呢？这样想以后，我发现原来之前的痛苦不是因为他这样对我，他对很多人都这样，但是很多人没感觉，我会有感觉是因为我自己有了"分别心"。我这样想了，就立刻会觉得好很多。

修炼是人生最有趣的事

坦诚地讲，我虽然把这本书看了很多遍，又多次讲出来并向很多人推荐，这本书也的确对我的人生有特别大的帮助，但是我也很难做到永远保持正念存在，也不是总能创造正念的奇迹。

修炼本身是一件特别有趣的事。修炼之所以有趣，就是因为它不容易。很多人跟我说，樊老师讲的东西太难了，境界太高了，达不到。境界太高达不到才好玩，如果随便就达到了，我们为什么要去努力？太简单了就没意思了。

正因为特别难，所以修炼才会是人生最有趣的一件事情。无论你做什么，发展事业也好，维护家庭也好，自己学习也好，你都把它当作一个修炼的过程。而且你能够时刻体会到自己在修炼的过程中所遇到的困难和挫折，然后关照到自己在退步或进步。这个过程本身也是正念的奇迹。

第一章

日常生活中的正念

艾伦的时间

　　昨天，艾伦带着他的儿子乔伊来看我。乔伊长得真快！他已经7岁了，说得一口流利的英语和法语，甚至夹杂着一些从街上学来的俚语。在法国抚养孩子的方式和我们家乡越南非常不一样。在这里，父母们相信"自由对孩子的发展是必要的"。在艾伦和我谈话的两个小时里，他必须时时注意乔伊。乔伊在玩耍，叽叽喳喳地不时打断我们，让我们无法好好交谈。我给他几本儿童图画书，但他几乎连看都不看，就把书扔到一边，又来打断我们的谈话。他要大人一直看着他。

后来，乔伊穿上外套，跑出去和一个邻居的孩子玩。我问艾伦："你觉得家庭生活轻松吗？"艾伦没有直接回答。他说，自从安娜出世，他已经几个礼拜没睡过好觉了。晚上，苏因为太疲惫，总会叫醒他，让他去看看安娜是不是还好好的。"我起床去看小宝宝，然后再回去睡觉，有时候一个晚上要起来两三次。"

"家庭生活会比当个单身汉来得轻松吗？"我问。艾伦也没有直接回答，但是我明白他的意思。我又问了另一个问题："很多人说有个家庭就不会那么寂寞，也比较有安全感，真的是这样吗？"艾伦点点头，轻声嘀咕些什么，我了解他的意思。

然后艾伦说："我发现可以让自己有更多时间的

方法。以前，我把时间分割成好几个部分，一部分陪乔伊，一部分陪苏，一部分给安娜，另一部分拿来做家务。剩下时间是我自己的 —— 我可以读书，写文章，做研究，或者去散散步。

但是现在，我试着不再去分割时间。

我把陪乔伊和苏的时间，也当作我自己的时间。为乔伊辅导家庭作业时，我想办法把他的时间看作我自己的：我和他一起做作业，感受他的存在，并且想办法让自己对我们在那段时间里做的事感兴趣。我和苏在一起也是如此。

结果，不可思议的是，现在我有了无限的时间给自己。

艾伦微笑着说这些话。我很惊讶，我知道这些不是艾伦从任何书本中学来的，而是他在日常生活中自己发现的。

洗碗就是洗碗

　　三十年前，当我还是慈孝寺的沙弥时，洗碗可不是一件惬意的差事。结夏安居时，所有比丘都回到寺庙，有时甚至有两百多位，所有煮饭、洗碗的工作，全靠我们两个沙弥。庙里没有肥皂，只有草灰、稻壳、椰子壳，就只有这些。清洗堆积如山的碗盆可真是一件苦差事，特别是在冬天，水冻得像冰一样，你必须在洗碗前先热好一大壶水。

　　如今厨房都有洗涤剂、专用的百洁布，甚至一开就来的热水，洗碗变得轻松多了。人们现在比较能够享受洗碗这件事，任何人都可以很容易地洗好碗，然后坐下来喝杯茶。我可以接受用洗衣机洗衣服，虽然我自己还是用手洗，但是用机器洗碗就有点过了。

　　洗碗时，人们就应该只是洗碗，也就是说，洗碗时，应该对"正在洗碗"这个事实保持全然的觉知。

乍一看，这似乎有点傻——为什么要强调如此简单的事呢？其实，这正是关键。

"我正站在这里洗碗"这个事实，是不可思议的实相。当下，我是完完全全的自己，随顺自己的呼吸，觉照到我的存在，觉照到我的心念与动作。

我不会像个被浪花左拍右击的瓶子一般，毫无觉知地被抛来抛去。

你手中的杯子

我在美国有一个叫吉姆·福雷斯特的密友。八年前我第一次遇见他时，他在天主教和平联谊工作。去年冬天，吉姆来看我。每次晚饭过后，我通常都会先洗碗，再坐下来和大家喝杯茶。有一天晚上，吉姆问，可不可以让他来洗。我说："好。但是如果你要洗碗，你得知道洗碗的方法。"吉姆说："得了吧，你以为我不知道怎么洗碗吗？"我回答他："洗碗的方法有两种，第一种是为了把碗洗干净而洗碗，第二种是为了洗碗而洗碗。"吉姆很高兴地说："我选第二种，为了洗碗而洗碗。"从那时起，吉姆就知道怎样洗碗了。整整一个星期，我都把洗碗的"重任"交给他。

如果洗碗时，我们只想着接下来要喝的那一杯茶，并因此急急忙忙地把碗洗完，就好像它们很令人厌恶似的，那么我们就不是为了洗碗而洗碗。更进一步来说，洗碗时我们并没有活在当下。事实上，我们站在洗碗池边，完全体会不到生命的奇迹。

如果我们不懂得洗碗，很可能我们也不懂得喝茶：喝茶时，我们会只想着其他事，几乎觉察不到自己手中的这杯茶。就这样，我们被未来吸走了——无法实实在在地活着，甚至连一分钟都做不到。

吃橘子

我记得数年前，吉姆和我第一次一起在美国旅行，我们坐在一棵树下，分吃一个橘子。他开始谈论我们将来要做些什么。无论何时，只要我们构想一个吸引人或是令人振奋的计划，吉姆就会深深地陷入其中，以至全然忘了他当下正在做的事。他掰了一瓣橘子放进嘴里，在还没开始吃之前，又掰好另一瓣准备送入口中。他几乎意识不到自己正在吃橘子。我只好对他说："你应该先把含在嘴里的那瓣橘子吃了。"吉姆这才惊觉自己正在做什么。

当时的情景就好像他根本不是在吃橘子，如果说他吃下了什么，那是在"吃"他未来的计划。

一个橘子有很多瓣。如果你懂得好好吃哪怕是一瓣，你大概会懂得好好地吃整个橘子。但是，如果你连其中的一瓣都不会吃，那么你是不懂得吃橘子的。

吉姆明白这个道理，他慢慢把手松下来，专注地吃那一瓣已经含在嘴里的橘子。他仔细地咀嚼，然后吞下去，接着才再掰一瓣。

后来，吉姆因为反战运动入狱，我很担心他能否忍受监狱的四面高墙，于是写了一封简短的信给他：

还记得我们一起分享的那个橘子吗？你在那里的生活就像那个橘子。吃了它，与它合为一体。明天，一切都会过去。

日常的正念偈语

三十多年前，我刚进寺庙时，法师给了我一本宝华山读体见月律师（律师是对律宗法师的称呼）写的小书《毗尼日用切要》，让我背下来。那是一本很薄的书，不到四十页，但它收录了所有读体见月律师在做任何事务时，用来唤醒自心正念的心法。

清晨醒来，他生出的第一个心念就是：

"睡眠始寤，当愿众生，一切智觉，周顾十方。"

洗手时，他也这样提醒自己保持正念：

"以水盥掌，当愿众生，得清净手，受持佛法。"

整本书都是由这样的句子组成，用来帮助初入佛门的修行者安守意念。

读体见月律师以一种相对简单明了的方式，帮助我们这些小沙弥修习《正念经》（*The Sutra of Mindfulness*）当中的开示。每一次穿衣、洗碗、如厕、叠被、担水或者刷牙，你都可以照着书中的某个偈语来保持自己的觉知。

《正念经》说："行走时，修行者应当觉知到他正在行走；坐下时，修行者应当觉知到他正在坐下；躺下时，修行者应当觉知到他正在躺下……无论身体是何种姿势，修行者都应当对此有所觉知。

如此修习，修行者才能观照内身，直入正念，安住其中……"

然而，仅仅对身体姿势保持正念是不够的。

我们应当觉知每一次呼吸、每一个动作、每一个念想与感受，觉知与我们相关的一切。

但是经文为何要教导这些呢？我们如何才能找到修习正念的最佳时机？如果你整天都在修习正念，怎么会有充足的时间去做所有需要做的事，以改变现状并建立一个更理想的社会？艾伦如何能够一边打理工作、辅导乔伊的功课、给安娜洗尿布，同时还能修习正念？

第二章

奇迹就是在大地上行走

在乡间小路上散步

　　艾伦说，自从把陪伴乔伊和苏的时间当成他自己的，他就有了"无限"的时间。但是，艾伦也许只是原则上拥有这个无限的时间。

　　因为毫无疑问，在和乔伊温习功课时，艾伦有时会忘了把乔伊的时间当成自己的，那他就会失去这些时间。艾伦可能会希望时间快些过去，他也许会变得不耐烦，觉得自己的时间被浪费了，因为那不是他自己的时间。

所以，如果艾伦真的想拥有"无限的时间"，他就必须在和乔伊一起学习时，对"这是我的时间"保持清醒觉知。可是人们不可避免地会在这样的时间里被其他事物分心。

所以，如果想真正保持清楚的觉知（从现在开始，我将用"正念"这个词来指称"对当下的实相保有觉知"），就要即刻在日常生活中开始修习，而不只是在禅修时。

当你行走在通往乡间的小路上，你就可以修习正念。走在这条四周都是绿草的泥土路，如果你修习正念，你就能（真正）体验这条小路，这条带你去往乡村的小路。你可以通过练习保持觉知来修行正念："我正走在这条通往乡间的小路上。"

不论晴天还是雨天，不论道路干燥还是泥泞，你都要一直保持这个心念，但不要机械式地重复。"机械式的思维"是"正念"的对立面。当漫步乡间小路时，我们如果能够真正地安住在正念中，就会觉得每一步都是无上的奇迹，喜悦将如花儿般充溢在心间，使我们就此步入实相的世界。

我喜欢独自漫步在乡村小路上，两旁长满了秧苗和青草，我在正念中踏下每一步，了知自己正行走在这美妙的大地上。（在这样的时刻，存在本身就是个奇迹，是不可思议的实相。）

人们通常认为在水上或在稀薄的空气中行走才是奇迹，但是我觉得真正的奇迹，既不是在水上行走，也不是在稀薄的空气中行走，而是此刻就在大地上行走。

每一天，我们都置身那些连自己都未认知到的奇迹中：蓝天、白云、绿草、孩子乌黑而充满好奇的眼睛——我们自己的眼睛。所有的一切，都是奇迹。

禅坐

　　读体见月律师说，禅坐时，应该坐得挺拔，生起这样的念头："正身端坐，如坐菩提座，当愿众生，心无所著。"菩提座是佛陀开悟时坐的地方。既然人人都可成佛，而"佛"指的就是所有已经开悟的众生，那么，肯定有许多成佛的人坐过我当下所在的菩提座。正身端坐，如佛陀坐菩提座，即可生出欢喜，在正念中坐禅本身就意味着渐次成佛。

　　越南诗人阮公著在某处静坐时，经历过相同的体验，他突然了悟：无数年以前许多人曾坐在他现在静坐的位置上，而未来的岁月里还会有其他人坐在那儿：

　　今日我坐处，过往他人亦静坐。千年后，来者仍纷纷。究竟谁是歌者，谁为听者？

　　他静坐的那个地方，那段时间，成为连接他与永恒实相的重要桥梁。

然而，忙碌又多虑的人们没有悠闲的时间漫步在绿草茵茵的小路上，或是在树下静坐。人们必须筹备各种计划，不断和身边的人沟通，试着努力解决层出不穷的难题，总是有棘手的事情要做。人们必须处理种种困境，每时每刻都专注于工作，时刻保持警醒，准备应对状况，随机应变。

你可能会问：那我们如何修习正念？

我的答案是：专注工作，保持警觉和清醒，准备好应对任何可能发生的状况，随机应变。这就是正念。

没有理由把正念与专心工作、保持警醒并做出最佳判断区分开来。

人们在沟通、解决和处理各种状况时，若要获得圆满的结果，平静的心和自我控制能力必不可少。任何人都明白，如果我们不能很好地控制自我，反而让焦躁和嗔怒干扰了我们，那么我们的工作不再有任何价值。

正念是奇迹，借由它，我们得以成为自己的主人，重建自我。

就好像，假设一个魔术师把自己的身体切成很多块，把每一块放在不同的地方——手掌放在南面，手臂放在东面，腿放在北面，然后借助某种魔力，魔术师大喊一声，身体的各个部分就重新组合归位了。正念就像这个魔术，它是奇迹，可以瞬间收复我们涣散的心，使它恢复完整，这样，我们就可以过好生命中的每一分钟。

有觉知地呼吸

正念既是方法，同时也是目的。既是因，也

是果。

　　当我们为了修持定力而修习正念时，正念就是因。但是，正念本身就是觉知的生命：正念的存在意味着生命的存在，因此，正念也是果。正念把我们从无知无觉、心念散乱中解脱出来，让我们充分地活好生命里的每一分钟。正念让我们真正地活着。

　　"呼——吸"可以防止心念散乱，是一个自然且极为有效的方法，因此你需要知道如何呼吸以保持正念。呼吸是连接生命与意识的桥梁，让你的身心合一。不论何时，心念一旦游离不定，都可以用呼吸作工具，重新看好你的心。

　　轻轻地深吸一口气，觉知到你正在深呼吸这一事实。现在，呼出肺里所有的气，整个呼气过程中保持觉知。

　　《正念经》教导我们用以下方法觉知自己的呼吸：

　　入息，你知道你在入息；出息，你知道你在

出息。

入息长时，你知道："我入息长"。

出息长时，你知道："我出息长"。

入息短时，你知道："我入息短"。

出息短时，你知道："我出息短"。

深深地呼出一口气时，你知道："我正深深地呼出一口气"。

轻轻地吸入一口气时，你知道："我正轻轻地吸入一口气"。

轻轻地呼出一口气时，你知道："我正轻轻地呼出一口气"。

"吸气，了了分明地觉知整个呼吸。"你就这样训练自己。

"呼气，了了分明地觉知整个呼吸。"你就这样训练自己。

"吸气，让整个呼吸平静下来。"你就这样训练自己。

"呼气，让整个呼吸平静下来。"你就这样训练自己。

在佛教寺院里，每个人都要学习以呼吸为工具，止住心念的散乱，以此修持定力。

定力是借由修习正念获得的能量，能够助人开悟。当一个普通人有觉知地呼吸时，他就已经开悟了。

为了维持长时间的正念，我们必须不间断地观照自己的呼吸。

这里正是秋天，金黄色的树叶一片片落下，真是美极了。在树林里散步十分钟，观照呼吸并保持正念，我感到神清气爽，焕然一新。如此，我可以真正地与每一片树叶交流。

当然，独自漫步在乡间小路上比较容易保持正念。假如你身边有个朋友，他不说话，只是观照他自己的呼吸，那么你也可以毫不费力地继续保持正念。但是如果身边的朋友开始说话，保持正念就变得有点困难。

如果你在心里想："希望这家伙别再说了，这样我才能专心。"你就已经偏离了正念。但是如果你心里想："如果他想聊天，我会回应，但是我会继续安住在正念中，觉知我们正一起在这条路上行走的事实，觉知我们所说的话，我还是可以继续观照我的呼吸。"如果你能生出这样的心念，你就会继续安住在正念中。

这样的情形下修习正念比你独处时要困难一些，但是如果你继续修炼，就能锻炼出功力，修持更深的定力。有一句越南民谣这么唱："最难莫过于在家修道，其次是在人群中，再次是在寺庙里。"只有在喧闹和苛刻的情况下，修行正念才真的是一种考验！

数息与随息

在最近为非越南人开办的禅修班里，我常推荐各种自己用过的方法，这些方法都相当简单。我建议初学者学习"随息"法（随顺呼吸的方法）。学员背贴地板躺着，然后我请所有上课的围过来，好给他们解说一些简单的要点：

第一，尽管吸气与呼气都靠肺来运作，并且范围在胸腔一带，但是胃部也发挥一定作用。胃会随着肺的充气而鼓起来。刚开始呼吸时，胃会开始往外鼓，但是吸气进行到大约三分之二时，它又开始瘪下去。

第二，为什么呢？你的胸腔和胃部之间有一层肌肉膜，叫作横膈膜。在你正确地呼吸时，空气会先充满肺的下半部。空气充满肺的上半部前，横膈膜会往下移动挤压到胃，使胃部鼓起来。当肺的上半部充满空气时，胸腔会向外扩张，使得胃又瘪下去。

第三，这就是古人所说："呼吸始于肚脐终于鼻尖。"

对初学者来说，躺下练习呼吸非常有帮助。重要的是防止太过用力：对肺部来说，过度用力是危险的，尤其是在肺部因多年不正确的呼吸习惯而变得虚弱时。开始练习时，修习者应该躺在一块薄垫子或毯子上，双臂轻松地放在身侧。不要垫枕头。

专注呼气，看看它有多长，心里默数：1，2，3……缓慢地测量它。这样，数几次之后，就能知道自己的呼吸长度，或许是5。

现在，试着延长呼气的长度，多数一或两个数，让呼吸的长度变成6或者7。接下来开始一边呼气，一边从1数到5。数到5的时候，不要像以前一样立刻吸气，试着让呼气延长到6或者7。这样你就能把肺里更多的气排出来。

呼气结束时，稍作停顿，让你的肺自发地吸入新鲜空气。让你的肺在不费力的情况下，能吸入多少空气就吸入多少空气。

吸气一般要比呼气"短"些。保持在心里持续计数，测量吸气和呼气的长度。像这样练习几个星期，躺下时，对你所有的呼气和吸气保持觉知。（如果你有一只"嘀嗒"声很响的钟表，可以用它来帮助自己测量呼气和吸气的长度。）

在行走、坐卧、站立中，尤其在户外时，继续测量你的呼吸。行走时，你可以用脚步来测量呼吸。大约一个月后，你呼气和吸气的长度就会差不多了，会逐渐拉平，最后变得完全相同。如果你呼气的长度是6，那么吸气的长度也会是6。

如果练习时觉得有点疲倦，要立刻停下来。即使你丝毫不觉得累，也不要太长时间地练习这种长度均等的深呼吸——10到20次呼吸就够了。当你觉得稍微有点疲劳时，就恢复到平常的呼吸状态。疲劳是一种出色的身体机能，在决定我们是该休息还是继续练习时，它是最好的顾问。

为了测量呼吸的长度，你可以计数，也可以用喜欢的有韵律的话语。假如你呼吸的长度是 6，你可用六个字来代替数数：当 — 下 — 我 — 心 — 平 — 和。如果长度是 7，可以用"我 — 走 — 在 — 绿 — 草 — 地 — 上"。如果你是个佛教徒，可以说："我 — 皈 — 依 — 于 — 佛 — 陀。"如果你是基督徒，可以说："我 — 们 — 天 — 上 — 的 — 父。"当你行走时，一步一字，互相对应。

宁静的呼吸

你的呼吸应当是轻柔的、和缓的、顺畅的，像流过沙土的小溪一般。你的呼吸应该非常宁静，静得连坐在你身边的人也听不见。你的呼吸应当温和地流动，一如河流，也如水蛇游走水中，而不是像一行行崎岖不平的山脉或是马儿的飞奔疾驰。

对我们的呼吸运用自如，就是对我们的身心掌控自如。每一次我们发现自己心神散乱，或是用尽方法也难以自我控制时，都应当运用观照呼吸的方法。

在你坐禅时，开始观照自己的呼吸。首先，像平常那样呼吸，然后渐渐缓和下来，直到每次呼吸都变得平静、和缓且绵长。从你坐下到呼吸变得深细无声的期间，觉知自己所有的起心动念。（要一直觉察发生在身上的一切。）

就如《正念经》的开示：

吸气时，觉知你在吸气；呼气时，觉知你在呼气。

深深地吸进一口气时，你知道：我正深深地吸进一口气。

深深地呼出一口气时，你知道：我正深深地呼出一口气。

浅浅地吸进一口气时，你知道：我正浅浅地吸进一口气。

浅浅地呼出一口气时，你知道：我正浅浅地呼出一口气。

吸气，了了分明地觉知整个呼吸，你就这样训练自己。

呼气，了了分明地觉知整个呼吸，你就这样训练自己。

吸气，让整个呼吸平静下来，你就这样训练自己。

呼气，让整个呼吸平静下来，你就这样训练自己。

大约十到二十分钟，你的心绪就会沉静下来，宁静得像一个池塘，水面上甚至连一丝涟漪都没有。

数息

让呼吸变得平静且和缓的方法，可称为随息法（随顺呼吸）。如果这个方法一开始学起来有点困难，你可以用数息法（数呼吸）代替。

吸气，在心里数 1，呼气，在心里数 1。再吸气，在心里数 2，呼气，在心里数 2。这样一直数到 10，然后再从 1 开始。这些数字就像一条绳子，把正念和呼吸系在一起。

在持续觉知呼吸的过程中，这个练习只是起点。可是如果没有正念，你很快就会数错。忘了数到哪里时，只需要回到 1 然后继续，直到你能够保持正确地计数。一旦你可以真正地专注地计数，你就已经达到某种程度，可以放弃数息法，只专注呼吸本身。

在你心烦意乱或者思绪散漫，发现修行正念很困难时，请你回到呼吸上：有觉知的呼吸本身就是正念。

呼吸是觉照意念的妙方，正如某个宗教团体在其教义中所说："众生不应在妄念中，或外在环境中，迷失自己。修息以重新把持身心，修正念以生定与慧。"

一举一动都是仪式

让我们想象一下：有一座高墙，站在墙的顶端可以看到很远的地方，却没有什么工具可以让人爬上墙顶，只有一条从墙头往墙壁两边垂下来的细线。

聪明的人会在细线的一端，绑一条较粗的绳子，然后走到墙的另一边，拉那条细线，绳子就会被牵引到墙的这一边来。接着再将绳子的末端绑上牢固的粗绳，再将粗绳拽到墙对面。当这根粗绳垂到对面墙根，并固定住时，我们就可以很轻松地爬上墙了。

我们的呼吸就像那条细线。不过我们一旦知道如何运用它，它就会成为绝佳工具，帮助我们克服那些看起来无望的境况。呼吸是连接身体和心灵的桥梁，能协调身与心，使身心得以合一。呼吸与身心状况是相呼应的，它能统合身心，既能启发身与心两者，又能带来安宁与平和。

许多人与书都探讨过正确呼吸带来的巨大益处。他们说，一个知道如何呼吸的人懂得如何增进无穷的活力：呼吸强壮肺部，让血液通畅，使得身体的每一个器官充满活力。他们还说，正确的呼吸比食物更重要。这些说法都很有道理。

多年前，我病得很重，在吃了好几年的药并采取治疗后，病情并没有好转。于是我回过头来用呼吸的方法，幸亏这样，我治好了自己。

呼吸是工具，呼吸本身亦是正念。尽管把呼吸作为工具加以运用，能让人们受益匪浅，但是我们不应该把这些益处当作目的本身。它们不过是正念觉醒后的副产品而已。

在为非越南人开设的小型禅修班里，有许多年轻人。我告诉他们，如果每个人每天禅修一个小时，当然很好，但那是远远不够的。你还要学会在行、住、坐、卧以及工作时，甚至在洗手、洗碗、拖地、喝茶、和朋友聊天时，都练习禅修。

不论你在做什么，你都要练习禅修：

"洗碗时，你也许会想着待会儿要喝茶，因此尽快地把碗洗完，好坐下来喝杯茶。但是，那意味着你在洗碗时，根本没有活在当下。在你洗碗时，洗碗应当是你生命中最重要的事。当你喝茶时，喝茶就是你生命中最重要的事。在你如厕时，如厕就是你最重要的事。"

就像这样，砍柴是禅，担水也是禅。一天二十四小时都要保持在正念中，而不是只有在禅修、读经或祈祷的一个小时里如此。

做任何事情，一举一动都要秉持正念。一举一动都是仪式、典礼。

将茶杯举到你的唇边是一个仪式。用"仪式"这个词是不是显得太沉重了？我用这个词是为了警醒你，让你理解"觉知"是件生死大事。

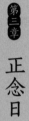

正念日

每天、每时、每刻，人们都应当修习正念。说起来容易，做起来却不简单。这就是为什么我在禅修班上建议学员：

　　每个人都应当在一个星期中留出一天，全身心地修习正念。

　　当然，原则上你拥有每一天、每个小时。可事实上，我们中只有少数人能够如此。我们总觉得家庭、工作、社会事务占据了自己全部的时间。所以，我迫切建议大家一个星期留出一天，或许是星期六。

如果留出星期六，那么星期六一整天都应当是你的，是你完全主控的一天。星期六将成为一架梯子，它会提升你，使你养成修习正念的好习惯。

和平工作会或者服务团体的所有工作人员，不管工作有多么紧迫，都有权利拥有这样的一天。因为没有它，我们很快就会在充满烦恼和忙碌的人生中迷失自己，而我们的反应也会日渐徒劳无功。不管选出哪一天，都可以作正念日。

为了设定一个正念日，你要想办法在醒来时就提醒自己，那天是你的正念日。你可以在天花板或墙上挂些东西，像一张写着"正念"的纸条或者一根松枝——任何在你睁开双眼时可以看到的东西，提醒你"今天是我的正念日"。

今天是你的。记住这一点，也许你会感觉到唇边的一抹微笑，这笑容使你确信自己完全安住在正念中，并且能滋养出更圆满的正念。

还躺在床上时，慢慢随顺你的呼吸 —— 缓慢、绵长且有意识地呼吸。然后慢慢地起床（不是像平时那样一下子跃起来），借由每一个动作来滋养正念。起床后，刷牙、洗脸，平静而放松地做所有早上的事情，在正念中完成每一个动作。随顺你的呼吸，看好它，不让心念涣散。平静地做每一个动作。用安静、绵长的呼吸来测量你的脚步，保持淡淡的微笑。

至少花半小时洗澡，在正念中慢慢地洗。洗完的那一刻，你会感到轻松且神清气爽。洗完澡，你可以做做家务，例如洗碗、打扫、擦桌子、拖厨房地板或整理书架上的书。不论做哪一样，轻松从容地做，安住在正念中。不要为了赶任务做事。要下定决心以放松的状态，全神贯注地做每一项工作。享受你的工作，与它合一。如果做不到这些，正念日将毫无意义。如果你在正念中做每件事，就不会再觉得工作令人头疼。就好像禅师们，无论在做什么，举手投足，都会不慌不忙，非常沉稳，没有丝毫勉强。

对刚开始修习的人来说，最好在正念日一直保持沉静。这并不意味着你一句话都不能说。你可以聊天，甚至唱歌，但无论是聊天还是唱歌，都要对你正在说什么、唱什么，保持全然的觉知，并且尽量少说或少唱。当然，只要觉知自己正在唱歌、觉知在唱什么，在唱歌的同时修习正念也是有可能的。不过要注意的是，如果你的禅定功力还很弱，在谈天、唱歌时，很容易就会失去正念。

午饭时间，为自己好好准备一顿饭。在正念中煮饭、洗碗。早上清理房间后，下午做完园艺或者看过云、采完花后，在正念中沏上一壶茶，坐下来好好品尝。给自己充裕的时间去做这些事。喝茶时，不要像那些在工作间歇匆忙牛饮咖啡的人一样，要不疾不徐、虔敬地喝，就好像它是地球绕着旋转的中轴，和缓地、平稳地朝着未来行进，而不是匆匆忙忙地奔去。

过好真实的这一刻。这一刻，就是生活本身。不要做未来的俘虏，不要烦恼你未来要做的那些事，不要想着开始或摆脱什么，不要想着"离开"当下。

化为树篱中静静坐着的芽，

化为微笑，成为这不可思议的存在的一部分，

凝立在这儿，无须启程。

这块土地，就像我儿时的故土那样美丽，

请不要伤害它，请继续歌唱。

——《金芥菜花田上的蝴蝶》

晚上，你可以诵经并抄下几段经文，可以给朋友写信，或是在这周的日常事务之外做其他你喜欢做的事。但是不论你做什么，都要保持正念。晚餐只吃一点就好，这样在十点或十一点坐禅时，空腹会让你坐

得轻松一些。坐禅后，你可以在晚间清爽的空气中闲适地散步，在正念中随顺呼吸，用脚步测量你呼吸的长度。最后，回到房间，在正念中入睡。

我们必须想办法让每个工作人员都拥有正念日，这样的一天至关重要。它对这一周其他日子的影响是不可估量的。十年前，多亏了正念日，周文和我们"互即互入"团[1]的其他姐妹兄弟，才得以引导自己渡过种种难关。

我相信，只要实行每周一次的正念日，你就会在三个月后看到生命中巨大的改变。正念日会开始渗透到一周内的其他日子。最后，你一周七天都会活在正念中。

我确定，你会和我一样认同正念日的重要。

---

1 "互即互入"团（The Tiep Hien Order）：Tiep Hien 为越南语，意思是互即互入就是互摄地存在，也就是"此即彼，彼即此；此中有彼，彼中有此"，亦即《华严经》所说的"圆融无碍"的境界。

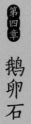

第四章

鹅卵石

做一颗鹅卵石

　　首先，因为我们每个人都需要彻底的休息和放松。一整夜的睡眠并不能提供完全的休息。翻来覆去，肌肉紧张，时时做梦——哪里算得上休息呢？在你依然觉得疲惫并且辗转反侧的时候，即使躺着也无法休息。

　　背贴着床平躺，手脚放直但是不要僵硬，头不垫枕头——这是一种练习呼吸并且放松全身肌肉的好姿势，不过这也很容易让你睡着。躺着禅修时，你无法像坐着禅修时那么深入。其实，坐着也可以得到彻底的休息，还能进一步帮助你进入更深的禅修境界，解决那些扰乱并堵塞你意识的忧愁、烦恼。

我们在越南的义工当中，有很多人可以全跏趺坐，左脚放在右大腿上，同时右脚放在左大腿上。其他人可以半跏趺坐，左脚放在右大腿上，或者右脚放在左大腿上。我们在巴黎的禅修班里，有的人不论用上述哪种坐姿，都会觉得不舒服，因此我教他们日式的打坐法：双膝跪着，臀部坐在双腿上。如果在腿下垫个蒲团，这样的坐姿可以保持一个半小时以上。

即便如此，其实任何人都能学会半跏趺坐，虽然一开始多少会觉得疼痛。但是经过几个星期的练习后，就会觉得这种姿势越来越舒服。在初学阶段，如果真的痛到坐立不安，可以换另一只脚，或是换成其他坐姿。如果练习全跏趺坐或半跏趺坐，有必要坐在垫子上，好让双膝触到地面。这样的话，身体和地板就会有三个接触点，能让坐姿非常稳定。

让你的脊背保持挺直，这很重要。头和颈部必须与脊柱连成直线，要挺直，但不要僵直或者像块木头一样。看着前方一两米的地方，如果可以的话，轻轻地微笑。

现在开始随着你的呼吸，放松所有的肌肉。专注地保持脊背挺直，并且随顺你的呼吸。至于其他的事，放下，放下一切事。如果你想放松因烦恼而紧绷的脸部肌肉，那么先轻轻地微笑。轻轻地微笑，脸上所有的肌肉都会开始放松。轻轻地微笑，保持得越久越好，那微笑正如你在佛陀脸上看到的那样。

掌心向上，左手放在右手上，放松双手、十指、双臂和双腿。放下所有的事情，像是那水生植物随波漂流，水面下的河床却保持如如不动。除了呼吸和轻轻的微笑，心无牵挂。

对初学者来说，静坐不宜超过二十或者三十分钟。在静坐中，你可以很轻易地得到彻底的休息。要诀有两点："观照"与"放下"。注意并观照你的呼吸，放下其他一切事。放松身体的每一处肌肉。大约十五分钟后，你就能达到沉静的状态，内心充满祥和与喜悦。保持这种安静与平和。

有些人把禅修看作苦差事，希望时间快点过去，结束后好去休息。有这种想法的人并没有领会禅坐的方法。如果你坐法得当，就能在坐姿中体会到彻底的放松与平和。

通常，想象"一颗被扔进河里的鹅卵石"的意象会有助于禅修。

那么，我们要如何借助这颗鹅卵石的意象呢？

以最适合你的姿势坐下，全跏趺坐或半跏趺坐都可以，脊背挺直，轻轻地微笑。缓慢地深呼吸，观照每一次呼吸，与它合一。放下一切，把你自己想象成一颗被丢进河里的鹅卵石。鹅卵石毫不费力地沉入水里。它以最短的距离下沉，最后沉到河底，沉到那最佳的休憩处，自始至终不沾染任何东西。你就像那颗让自己沉到河里的鹅卵石，放下一切。此时此刻，你存在的核心就是你的呼吸。你不需要知道要花多长时间才能到达水底那细沙铺成的床，那完美的休憩处。

当你觉得自己像那颗到达河床的鹅卵石那样地歇息，就是你自身开始得到休息的时候，你不再被任何事物牵缠。

如果在静坐的当下，你无法生出祥和喜悦，那么未来本身也只会像流水般淌过，你无法阻挡它的流逝。在它成为"现在"时，你也无法好好地活在当下。

喜悦与祥和，正是在静坐的当下生出的喜悦与祥和。如果你在此时此地无法体悟到它，那么你在别的地方也体悟不到。

不要如影随形般追随你的思绪，不要跟着思绪跑，在当下体会喜悦与祥和。

　　这是你自己的时间，你坐的这个地方是你自己的地方。在此地，此时，你就可以开悟，不用去遥远的异乡坐在某棵特定的树下。如此修习几个月，你将开始体验一种深沉的喜悦，让你重获新生。

　　静坐时是否轻安，要看你每天修习正念的时间的多寡，还要看你的静坐是否有规律。如果有可能，和亲朋好友每晚一起静坐一个小时，例如从十点到十一点。想参加的人，都可以来坐半个小时，甚至一小时。

观心

　　也许有人会问：禅修的目的仅仅是为了放松吗？事实上，禅修的目的远不止于此。

然而，放松却是禅修必经的起点，一个人如果懂得放松，就能有颗宁静的心与清澈的头脑。有宁静的心与清澈的头脑，就已经在禅修路上迈出了一大步。

　　当然，为了收摄与平静我们的心念，我们必须还要练习观照自己的觉受（受）与念头（想）。若要掌握自心，就必须练习觉照内心。你必须知道如何观察，识别心中浮现的每一处觉受与每一个念头。越南李朝的常照禅师写道："如果修行者能透彻地了解自心，修行将事半功倍，但是倘若他对自心一无所知，那么所有的努力都将成空。"

　　如果你想了解自心，只有一个办法：观察、辨识与心有关的一切。你必须时时刻刻这么做，在禅修时如此，在日常生活中更要如此。

　　坐禅期间，各种觉受和念头都可能浮现。如果你没有练习觉知呼吸，这些念头很快就会引诱你偏离正念。但呼吸不仅是借以驱赶这些念头和觉受的工具，呼吸也是统一身心并通往智慧之路的法门。当某种觉受或念头浮现时，你不用刻意去驱赶它，只要持续专注呼吸，它自然会从心中消失。注意力不要放在躲避它、憎恨它、气恼它或惧怕它上面。

那么，对于这些觉受和念头，你到底应该做什么呢？其实，只需要认知它们的存在。例如，当悲伤浮现，你要立即意识到它的存在：一种悲伤的感觉刚刚在心中浮现。如果这悲伤的感觉持续，就继续辨别：这悲伤的感觉仍在我心里。假如冒出这样一个念头：已经很晚了，可是邻居还在制造噪声。那就要意识到你冒出了这个念头。假如这念头继续存在，就继续识别它。如果浮现另外一种觉受或念头，就以同样的方式识别。关键是，不要让任何觉受或念头浮现却不以正念来辨识，要像皇宫守卫一样，对每一张经过前廊的人的脸孔都保持清清楚楚的觉知。

假如现在没有任何觉受或念头，那么就辨识自己此刻没有什么觉受或者念头。像这样练习，你就能敏于觉知自己的觉受和念头。你很快就能收摄自己的心。你可以将观呼吸、观觉受与观念头的方法，结合运用。

卫士、猴子与他（它）的影子（以心观心）

练习正念时，不要受制于好坏、善恶的分别，因而引发修行者内心的战争。

不论何时，当善念生起，要认知：我心中生起了一个善念。当恶念生起，也要认知：我心中生起了一个恶念。不论你有多么不喜欢，都不要执着其中或者试图消除它，认知到它就足够了。如果你已经偏离正念，你必须知道你已经偏离了；如果你还保持正念，也要知道你还在保持。一旦你有这样的觉知，就没有什么好害怕的了。

在我提到皇宫大门的守卫时，你也许会想象到这样的画面：一个有着两扇门的前廊，一个人口，一个出口，而你的心就是那个守卫。不论什么觉受或念头进入，你都觉知它进入了，当它离去时，你也觉知到它离去了。但是这意象有一个缺点：它让人觉得进出走廊的人与守卫不是同一个人。

事实上，我们的念头和觉受就是我们自己。它们是我们的一部分。

有一种诱惑驱使我们把它们，或至少当中的一部分，当作一股敌对力量，一直试图干扰你心中的定与慧。

实际上，当我们愤怒时，我们自己就是愤怒本身；当我们快乐时，我们自己就是快乐本身；当产生某些念头时，我们本身就是那些念头。我们既是守卫，也是访客。我们既是自己的心，也是心的观察者。所以，重要的不是驱赶或执着于任何念头，重要的是觉知这个念头。这种观察并非将心当成客体，并非要建立主客体之间的区别。心不强占心，心也不会把心赶走。心能够观察它自己。这种观察并不是对某种外在的独立于观察者的事物的观察。

记得日本白隐禅师有个公案，他曾问："单手相击会拍出什么声音？"或是以舌头体验味道为例：我们能分离味道和味蕾吗？心直接在心里体验它自己，这非常重要。这也是为什么在《正念经》中，佛陀总会提到："即受观受，即心观心。"有人曾说，佛陀用这样的句子来强调"受"和"心"这两个字，但是我不认为这种说法完全领会了佛陀的真意。

即受观受，就是体验某种觉受时，直接观照觉受，不要去思考觉受的意象。

因为那意象是人们为觉受创造出来的，某种外在于觉受的，独立存在的客体。

即受观受就是心在体验"即心观心",描述性语句让它听起来像个谜语、谬论或是绕口令。以外在观察者的身份做客观的观察,这是科学的方法,不是禅修的方法。所以,守卫和访客的意象都无法恰当地说明心如何观察心。

佛经说,心犹如一只猴子在森林中从一个树枝跳到另外一个树枝。为了不让行踪飘忽的猴子失去踪迹,我们必须一直看着这只猴子,甚至和它融为一体。

"即心观心"就像物体和影子 —— 物体无法摆脱它自己的影子,两者其实是一体。不论心飘荡到哪里,它仍被心拴着。

佛经有时会用绑住猴子的比喻来形容看好自心,但是猴子的意象只是一种比喻。一旦心能直接持续地觉知它自己,就不再像只猴子。并不是说有两颗心,一颗从一根树枝荡到另一根树枝,另一颗紧跟其后,要用绳子绑住它。

　　禅修者通常都希望能洞见自性以证悟。但是如果你才开始禅修，别期待见到自性，甚至最好什么也别期待。尤其不要在静坐时，期待见到佛陀或任何形态的"至高神尊"。

　　在禅修开始的前六个月，只要试着培养自己的定力，创造内在的平静和安详喜悦，你就会摆脱焦虑不安，享受彻底的休息，让心安静下来。你会感到焕然一新，对事物将会有更广阔、更清醒明白的认识，你内心的爱也会更深、更强。你对周遭的一切就能做出更有建设性的回应。

　　坐禅既是身体也是心灵的滋养剂。通过静坐，我们的身体达到和谐，感觉更轻盈，更深入平和。从观察自心直至见到自性，这条路其实不难走。一旦你平静自心，一旦觉受和念头都不再扰乱你，你的心就开始安住在自身。

你的心会以一种直接、奇妙的方式看好它自己，不再区分主体和客体。喝茶时，饮茶者与茶之间的分别将消失。喝茶变成一种直接而奇妙的体验，这中间，主客体的分别不复存在。

　　散乱的心也是心，就像浪花也还是水一样。

　　当心看好自己，迷妄的心就变成真实的心。真实的心就是真实的我，也就是佛陀 —— 完完整整的"一"，不会被孤立个体的虚妄分别所分割，是概念和语言制造了虚妄的分别。

　　这些我就不多谈了。

第五章

一即一切，一切即一：五蕴

有自我吗？

让我在这里用几行字谈一些修行法门，也许你能借由这些方法摆脱狭隘的见解，变得无所畏惧、大慈大悲。

这就是：缘起观、无常观与慈悲观。

在你坐禅时，看好自心后，你可以专注观照特定物体间相互依存的本性（依他起性）。这样的禅修并不是对相互依存哲学的推论思考，而是以心观心，通过修行者的定力揭示所观物体的真实自性。

想想这个简单而古老的真理：认知的主体不能独立于认知的客体独立存在。看，是看某样东西；听，是听某个声音；愤怒，是因为某事愤怒；希望，是希望某事；思考，是对某事思考。一旦认知的对象（那个事物）不存在，也就没有认知的主体。

修行者禅观内心，由此便能洞察认知主体与认知客体间相互依存的关系。当我们修习观照呼吸时，能认知呼吸的是心，当修习观照己身时，能认知身体的也是心，当修习观照外身时，能认知这些事物的还是心。因此，观照所有物体的相互依存性（缘起观），就是观心。

心的所有对象就是心本身。

佛法上，我们称心的对象为"法"。法通常被归为五个范畴：

（1）色；

（2）受；

（3）想；

（4）行；

（5）识。

这五个范畴通常称为"五蕴"。不过，第五蕴"识"涵括了五蕴，并且是其他四蕴存在的基础。

缘起观是对诸法的深入观照，以此切入它们真实的本性，洞见它们是整体实相的一部分。了悟实相整体不可分割，无法被切成小块而各自独立存在。

观照的第一个对象是我们自己，亦即我们自身五蕴的和合。你可以就在此时此刻，观照你自己的五蕴和合。

你将觉察到色、受、想、行和识的存在。观照这些"对象"，直至你看到它们每一个都与你身外的世界紧密相连：如果世界不存在，那么这五蕴的和合也就不存在。

想想桌子的例子。桌子依赖以下事物的存在，才有可能存在。我们或许把这些事物叫作"非桌子的世界"：森林（树木在那里生长，被砍伐）、木匠、铁矿（变成钉子和螺丝），其他与这张桌子有关的无数的东西，包括木匠的父母以及祖先，乃至让树得以生长的阳光和雨水。

　　如果你洞见这张桌子的实相，你就会看到，桌子本身呈现了所有那些通常被我们认为是"非桌子的世界"当中的事物。如果你抽走任何一个"非桌子"的因素，还原至它的本源，例如让钉子恢复成铁矿，让木材回到森林，将木匠还给他父母，这张桌子就不存在了。

　　一个能经由观照这张桌子而洞见整个宇宙的人，即是证道者。你要用同样的方式禅观自己五蕴的和合。禅观它们，直至你看到你自己存有的"一"的实相，看到你的生命和宇宙的生命本为一体。

如果五蕴归还至它们的源头，自我不复存在。这世界无时无刻不在滋养五蕴。自我就是五蕴的和合。在宇宙万物的形成、创造与灭亡中，五蕴的和合也扮演了关键角色。

从受苦中解脱

人们通常将实相切割成块，因而看不到万事万物的相互依存性。

看到了一切中的"一"和一中的"一切"，就突破了一个大障碍。

这个限制人们感知实相的障碍，佛教称之为"我见"。

"我见"是指相信恒常不变、独立的实体我存在。突破这个妄见就能从各种害怕、痛苦与焦虑中解脱出来。观世音菩萨，我们越南和平工作者的精神支柱，在洞察了五蕴皆空（无我）的实相后，她就从各种折磨、苦痛、怀疑与愤怒中解脱了。这种禅修法对每个人都适用。如果坚持不懈，精进地观照五蕴，我们同样也能从苦难、害怕、恐惧中解脱。

我们必须摒除所有障碍，作为宇宙生命的一部分而活着。人并非包裹在厚壳里与世隔绝的孤立个体，能够不受影响地自由穿越时空。像那样与世隔绝地活一百世、十万世不能叫作活着，那样的情形也不可能发生。

我们的生命中万象纷呈，恰如我们自己也显现在各种不同现象中。我们是生命，而生命是无止境的。也许可以这样说，只有过着世间生活，经历别人的悲苦喜乐时，我们才算活着。别人的痛苦就是我们自己的痛苦，别人的快乐就是我们自己的快乐。

如果生命无限，那么组成我们的五蕴也是无限的。宇宙的无常、生命的成败，都无法再摆布我们。了悟缘起的实相并深深契入后，就没有什么再能压制我们了。你解脱了。全跏趺坐，觉察你的呼吸，在禅观中体会普度众生的菩萨。

我们要时刻修习缘起观，不仅在静坐时练习，还要让它成为我们日常生活中不可或缺的一部分。

我们应当学会将眼前的人看成自己，自己就是那个人。我们必须洞察所有事情的缘起与相互依存的过程，包括那些已经发生和将要发生的事。

骑在生死的浪头上

我无法略过生死问题不谈。许多年轻人或是其他人出于对受苦者的慈悲和爱，挺身为他人服务，为和平工作。

他们都很清楚生死是最重要的问题，却常常看不到、意识不到生与死不过是同一实相的两面。一旦领悟这点，我们就有勇气面对生死。

在我年仅十九岁时，一位年长的比丘指定我禅观"墓园里的一具尸体"这个意象。可是我觉得很困难，抗拒这个禅修练习。现在，我不这么觉得了。那时我觉得这种禅修应当留给年长一些的比丘。

然而在那之后，我看见许多年轻士兵一个挨着一个动也不动地躺着，有些不过十三、十四或十五岁，他们对死亡没有任何的准备。现在我明白了，如果一个人不知道怎么死，就不知道怎么活，因为死亡是生命的一部分。就在两天前，摩比对我说，她认为一个人到二十岁就可以禅观尸体了。她自己也才刚满二十一岁。

我们必须直面死亡，辨识它，接受它，就像我们正视与接受生命一样。

《正念经》谈到如何禅观尸体：禅观身体的腐烂，禅观身体如何膨胀淤紫，如何被蛆吃得只剩下几丝血肉附在骨头上。一直禅观到只剩下白骨，直至它慢慢朽坏、化为尘土。像这样禅观，你明白自己的身体也将经历同样的过程。禅观尸体，直到你平静安详，直到你的心灵轻安，直到你的脸庞泛起微笑。

这样的话，在降伏厌恶与害怕的过程中，你会把生命看作无比的珍贵，每一秒都该珍惜。不仅珍视自己的生命，每一个生命，每一个人，每一个存在，每一个实相，都应该受到珍视。

我们不会再被"我们的生存，必然建立在其他生命毁灭"这样的想法蒙蔽。生和死是生命的两面：没有它们，生命不可能存在，就像一个铜板必须要有两面才能存在一样。只有在当下，我们才可能超越生死，才可能知道怎样去活，怎样去死。

佛经说，菩萨洞彻了相互依存的实相，突破了一切狭隘的见解，能够自由地出入生死，就像一个人驾着小舟乘风破浪，却没有被生死的浪头淹没或溺亡一样。

有人说，如果以佛教徒的角度看实相，你会变得悲观。但是悲观或乐观的想法都太简化了真理。重点是实相真正呈现出来的样子。悲观的态度，永远不会让安详的微笑绽放，那是浮现在菩萨和其他证道者唇边的微笑。

第六章

你庭前的杏树

你真的看到庭前的杏树了吗？

我曾谈过缘起观。当然，所有追求真理的方法都应当被视为手段，而不是目的本身或绝对真理。禅观事物的相互关联，是为了破除"分别"这一虚妄的遮障，让人们得以融入生命的整体和谐，而不是要创造一个缘起（相互依存，依他起）的哲学体系。

德国作家赫尔曼·黑塞在他的小说《悉达多》中，未能洞彻这点，因此笔下的悉达多宣扬相互依存的哲学，他的话在我们看来有些天真。黑塞为我们展示了一幅万物相互依存的图像，图像中的一切都相互关联。我们可以看到一个毫无瑕疵的系统：每件事物都一定嵌入这个互相依存、绝无谬论的体系。在这个体系中，人们不可能思考如何从这个世界解脱的问题。

依据佛教传统观点，实相有三种特性：遍计所执性、依他起性、圆成实性。

我们先来看依他起性。由于失念（失去正念）与偏见，我们常给实相蒙上一层邪见的面纱，这就是以遍计所执性看实相。遍计所执性是实相的幻相，它将实相看作许多独立的细微个体与自我的集合。

为了打破遍计所执性造成的幻相，修行者必须在万事万物的生灭过程中，禅观缘起与万象的相互关联。这种思维的方式是一种观照方法，不是哲学教条的基础。如果一个人仅仅抱着某种概念体系不放，那他只会陷入僵局。

禅观缘起可以让人契入实相，与它合一，不会被某种哲学观念或者禅修方法束缚。筏是用来渡河的，不是拿来扛在肩膀上。指着月亮的手指也并不是月亮本身。

最后，我们来谈谈圆成实性，也就是解脱了遍计所执性造成的邪见后显现的实相。实相就是真实，超越任何概念。没有任何概念能够恰当地描述它，甚至缘起的概念也是如此。为了确保众生不执着于哲学概念，佛学还谈及三无性，以免我们被三自性教义束缚。这是大乘佛教教义的实质所在。

当了知实相的圆成实性，修行者已达致无分别智。这是一种奇妙的圆融境界：主体与客体的区别不复存在。

这并非一种遥不可及的状态，只要稍微坚持精进修习，我们至少能尝到它的滋味。

我的桌上有一沓孤儿扶助金申请书，我每天都翻译一些。在我开始翻译一份申请书之前，我会凝视照片中孩子的眼睛，仔细察看他的表情和特征。

我感觉到我和每个孩子之间存在的深刻的联系，这让我能够与他们进行特别的交流。当我将这种感受写给你时，我看到，我在翻译申请书那些简单的文字时，我在其中体验到的交流，就是一种无分别心。

我看不到有一个"我"在翻译申请书帮助每个孩子，我看不到有哪个孩子在接受爱与帮助。孩子和我是一体的：没有人在怜悯，没有人在求助，没有人在援助。没有任务，没有社会工作，没有悲悯，没有特别的智慧。这就是无分别心的时刻。

当你体会实相的圆成实性，你庭前的杏树就有可能完全地显露它的本性。杏树本身就是真理，就是实相，就是你自己。

所有经过你庭前的人，有多少人真正好好地看过这棵杏树？艺术家的心可能敏感些，他或她会比其他人更深入地看这棵树。因为拥有一颗更开放的心，艺术家和树之间必定存在某种交流。

重要的是你自己的心。假如你的心未被邪见蒙蔽，你会自然地融入与这棵树的交流中。这棵杏树将自己完完整整地呈现在你面前。洞彻杏树的实相就是见道。

曾经有人请求一位禅师解释实相的奥秘，禅师指着一棵柏树说：庭前柏树子。

涨潮的声音

当你的心获得解脱，你会心怀慈悲：对自己慈悲，因为你曾受过无数的苦，因为你那时还不能将自己从邪见、憎恨、愚痴与愤怒中释放出来；对他人慈悲，因为他现在还未能看清自己被邪见、憎恨与愚痴囚禁，并因此继续被囚禁，给自己和他人带来更多痛苦。

现在请你以慈悲之眼看着自己与他人，像一个倾听宇宙众生哭诉的圣者，你的声音是每一个彻底洞见实相的人发出的声音。

正如佛经描述大慈大悲观世音的声音：

妙音观世音，梵音海潮音，

胜彼世间音，是故须常念，

念念勿生疑。观世音净圣，

于苦恼死厄，能为作依怙，

具一切功德，慈眼视众生，

福聚海无量，是故应顶礼。

练习以慈悲之眼观众生，这是被称为"慈心观"的禅修法。

慈心观必须在静坐以及为他人服务的每一时刻中修习。不论你去哪里或者坐在哪里，都要记得这个神圣的呼唤——以慈悲之眼观众生。禅修的主题和方法很多，多到我从未想过要将它们统统写下来给朋友们。我在这里只提一些简单但是很基本的方法。一位和平工作者与其他任何人一样，她或他都必须过自己的生活。

工作只是生命的一部分，但是如果在正念中工作，工作就是生命。

否则，人们就会变成"行尸走肉"。

为了让生命继续，我们必须点亮自己心中的火炬。然而，我们每个人的生命都与身边的人相连。如果我们知道如何活在正念中，如何观照自己的心灵，那么我们的兄弟姐妹也会因此懂得如何活在正念中。

禅修：揭示实相与疗愈身心

在正念中静坐，我们的身心都很平和，能够完全放松。但是这种平和放松的状态和人们在休息打盹时心绪慵懒、半昏沉的状态有根本不同。在这种远离正念、慵懒的半昏沉状态中打坐，如同坐在黑暗的洞穴。因为在正念中，人们不仅感到平静愉悦，还会变得灵敏警觉。

禅修并非逃避：它是安定地与实相相遇。

修习正念的人应当如汽车驾驶员般警觉：如果禅修者不警觉，他的心就会被散乱与失念（失去正念）盘踞，就像昏昏欲睡的驾驶员一样很可能酿成大祸。要像踩高跷的人那样警觉——哪怕踏错一步都会让你跌倒。要像一个走在剑林中手无寸铁的中世纪骑士。要像一头狮子，踏着缓慢、轻柔而坚定的脚步向前迈进。只有怀着这样的警觉心，你才能彻底觉悟。

我推荐初学者修习直观法：辨识但不加以评论。不论怎样的感受，慈悲或苦恼，都应该去欢迎、辨识并毫无差别地对待它们，因为这些感受都是我们自己。我正在吃的橘子是我。我正在种的芥菜是我。我全心全意地种着。我以浴佛或浴耶稣的那种全心全意来洗茶壶。在正念中，慈悲、苦恼、芥菜、洗茶壶，都是神圣的。

　　如果被悲伤、不安、愤怒、激情或任何其他感受占据，似乎就很难修习直观法。这时不妨转而禅观一个静物，以自己的心境作为禅修的主题。这样的禅修法能揭示实相，并且能够疗伤。

　　在禅观的凝视下，悲伤或不安、愤怒、激情会显现它的本性——这种显现能自然地带你进入疗愈与解脱。悲伤（或任何引发痛苦的事物）能成为脱离痛苦与折磨的工具，就好像用一根刺挑除另一根刺。

　　我们应该温柔而充满敬意地对待自己的不安、痛苦、愤怒与激情，不抵制它，和它共处、与它和解，借由禅观缘起契入它的本性。

人们很快就能学会如何选择适合当下情境的禅修主题。所有禅修范畴内的主题，像缘起、慈悲、自性、空性、无执等，都能够揭示实相与疗愈身心。

然而，要想成功地禅观这些主题，我们必须修持相当的定力。要获得定力，就要靠日常生活中的正念修习，也就是要觉察、辨识所有当下发生的事。

但是，禅修的对象，必须是真正深植于你内心的实际问题，不仅仅是哲学思辨的主题。

每个主题，都像是必须长时间烹煮的食物，我们把它放入锅中，盖上锅盖，然后点火。锅子就是我们自己，用来烹煮食物的热能就是我们的定力。燃料来自持续不断地修习正念。没有足够的热能，食物就无法煮熟。可一旦煮熟，食物就会显露它的本性，帮助与引导我们迈向解脱。

水更清，草更绿

佛陀曾说，生死的问题本身就是正念的问题。一个人究竟是生是死，就看他有没有保持正念。

在南传《相应部》（汉译《杂阿含经》）经文中，佛陀讲了一个发生在小村庄的故事：

一位有名的舞蹈家来到一个小村庄，村民们蜂拥到街上想一睹其风采。与此同时，一名死刑犯不得不捧着一碗满满的油穿过村庄。他必须全神贯注保持碗的平稳，因为只要有一滴油从碗里洒到地上，紧跟在他身后的士兵就会奉命抽出剑砍掉他的头。说到这儿，释迦牟尼佛问道："现在，你们觉得这名囚犯能专心致志地捧着那碗油，不会走神偷瞄街上的舞蹈家吗？或是抬头看那些成群结队的村民在街上如此骚乱，其中任何一个人都会撞到他，他会去看这些人吗？"

还有一次，佛陀讲了另一个故事，让我突然领悟到：

修习自身正念非常重要，也就是保护和照顾好自己，不要执迷于其他人照顾他们自己的方式，这种心理惯性会导致愤恨或忧虑。

佛陀说："从前有一对杂技艺人，老师是个穷鳏夫，徒弟是一个叫作美达的小女孩。他们俩靠街头卖艺为生。他们拿着一根长竹竿，老师把竹竿竖在头上保持平衡，小女孩就顺着竹竿慢慢爬到顶端。老师脚踩地面不断走动，小女孩则保持不动。

"他们两个都必须全神贯注，保持完美的平衡，以免发生事故。一天，老师教学生：'听着，美达！我会看着你，你也要看着我，这样我们就能帮对方保持专注和平衡，避免意外发生。我们肯定能挣够吃饭的钱。'但是小女孩很理智，她回答：'亲爱的老师！我想我们最好各自照顾好自己，顾好自己就是顾好我们俩。我能肯定这样不会出事，才会挣够吃饭钱。'"

佛陀说："这个孩子说得对。"

一个家里如果有一个人修习正念，全家都会变得正念分明些。因为有了这个活在正念中的家庭成员，全家人都会被提醒活在正念中。假如一个班里有一个学生活在正念中，整班都会受影响。

在和平服务团里，我们必须遵循同样的原则。如果身边的人没有尽力，不要烦恼，只想着如何让自己做得出色就好。自己尽全力，就是提醒身边的人尽最大的努力。不过，要有所贡献，就要持续地修习正念。这毫无疑问。只有通过修习正念，我们才不会迷失自己，才能获得光明的喜悦与平和。只有通过修习正念，我们才能以开放的心和慈悲的眼睛看待众生。

刚才，一个常来帮忙的朋友邀请我到楼下，到她的公寓去喝茶，那儿有一架钢琴。朋友的名字叫克莉斯坦，是荷兰人。她给我倒茶时，我看着她那堆工作说："待会儿再翻译孤儿申请书吧，现在为我弹奏一曲如何？"克莉斯坦很乐意暂时放下工作，坐在钢琴前弹了一首她从小就熟悉的肖邦选曲。

这首作品有些小节很轻柔、旋律优美，有些小段却喧嚣急促。她的狗本来趴在茶桌下，当音乐变得激昂时，它就开始吠叫且呜呜哀鸣。我知道它觉得不舒服，想要音乐停下来。克莉斯坦的狗一直像小孩般受人宠爱，而且可能比大多数的孩子对音乐更敏感。它会如此反应，或许是因为它的耳朵能接收到人类听不到的频率。克莉斯坦试着一边安抚这只狗，一边继续弹琴，可是没有用。她结束这支曲子，开始弹奏一首轻快和谐的莫扎特的曲子。这时，小狗安静地躺着，看起来很平和。克莉斯坦弹完后，到我身边坐下说：通常就算我弹奏肖邦最轻柔的曲子，这只狗也会跑来抓住我的裤管，试图逼我离开钢琴。有时候我不得不把它赶到门外才能继续弹琴。但是只要我弹巴赫或莫扎特的曲子，它就很平静。

克莉斯坦提到有报告说，在加拿大，人们尝试在夜间为植物弹奏莫扎特的作品，结果植物长得比平常快，花儿还会朝着有音乐的方向生长。还有人每天在小麦和黑麦田里弹莫扎特的曲子，结果这些田里的小麦和黑麦长得比别的田里快。

克莉斯坦一说到这儿，我就想起会议室，人们在里面争论不休，愤怒和非难的话语你来我往。如果有人把鲜花和植物放在这样的房间里，它们很可能会停止生长。

我想起一座花园，由一个活在正念中的僧人照管。那里的花儿总是清新翠绿，僧人从正念涌出的平和与喜悦滋养着它们。有古人说过：

圣人出，河水清，草木绿。

每次会议或者讨论开始的时候，我们都应该听听音乐或静坐修习呼吸。

第七章

三个绝妙的答案

皇帝的三个问题

结束前，让我再讲一次托尔斯泰写的一个小故事，那个关于皇帝的三个问题的故事。托尔斯泰不知道这位皇帝的名字……

一天，有个皇帝想到，只要他知道三个问题的答案，行事就不会再有差错了。

做每件事的最佳时机是什么时候？

与你共事最重要的人是谁？

无论何时，要做的最重要的事是什么？

皇帝下令全国上下遍贴告示：如果有人能回答以上问题，将获重赏。不少人看到告示便赶往皇宫。每个人的答案都各不相同。

有人对第一个问题的建议是，皇帝制定一个详尽的时间表，将每年、每月、每天、每个小时该做的事情都规划好，然后依表行事。只有这样，皇帝才能在对的时间做对的事。

另外有人认为，不可能事先计划好所有的事，皇帝应该把无谓的玩乐放在一边，保持对每一件事的关注，这样才能知道什么时候该做什么事。

还有人坚持说，皇帝只靠自己，不可能有足够必要的先见和能力决定什么时候做什么事。皇帝真正需要做的是设立一个智囊团，依照智囊团的忠告行事。

有人则说，有些事必须立即决定，没时间等大家商量，但是皇帝如果想预先知道会发生什么事，应该询问术士和预言师。

众人对第二个问题的答案没有共识。

有人说皇帝应该完全信任臣子，有人认为应该信赖神父和法师，还有人向皇帝推荐医生，也有人对武士充满信心。

第三个问题的答案也是众说纷纭。

有些人说科学是最重要的事业，其他人则坚持说是宗教，还有人主张最重要的是军事技术。

皇帝对所有答案都不满意，一点赏赐都没有给。

沉思好几个晚上后，皇帝决定去拜访一位住在山上的隐士，据说他是一名智者。皇帝希望能找到隐士问他那三个问题，虽然他知道隐士从不下山，而且出了名的只见穷人，不愿与权贵有任何来往。于是，皇帝装扮成普通农夫，命令他的随从在山下等候，他独自上山寻找隐士。

到达隐士的住所后，皇帝发现他正在小屋前的菜园翻土。隐士看到陌生人，点头致意，然后继续翻土。体力劳动对他来说显然很吃力。他年岁很大了，每次把铲子戳进地里翻起土来，都会喘得厉害。

皇帝走近他，说道："我来这儿是想请教您三个问题：做每件事的最佳时机是什么时候？与你共事最重要的人是谁？无论何时，要做的最重要的事是什么？"

隐士仔细地听着，但只是拍拍皇帝的肩膀便接着翻土。皇帝说："您一定是累了。来吧，让我帮帮您。"隐士谢过他，把铲子递给皇帝，然后坐在地上休息。

翻过两行土之后，皇帝停下来向隐士重复他的三个问题。隐士仍然没有回答，于是皇帝又一次抄起铲子继续干活："你休息一下吧，我可以接着翻。"一个小时过去了，两个小时过去了，皇帝也没有停下来手中的活计。最后，太阳开始落山了。皇帝终于放下铲子，对隐士说："我来这儿是要问您，看看能不能回答我的三个问题，如果您不能作答，请明白告诉我，我也好折返回家。"

隐士抬起头，问皇帝："你有没有听到那边有人在跑？"皇帝转过头。他们看到一个留着白色长胡须的男人从树林里出来，手按着肚子上流血的伤口狂奔。那个男人还没跑到皇帝面前便神志不清地跌倒了，躺在地上痛苦地呻吟。皇帝和隐士掀开男人的衣服，看到一个被砍得很深的伤口。皇帝很仔细地清洗男子的伤口，然后用自己的衣服包扎。可是不到几分钟，血就浸透了衣服。皇帝把衣服洗干净，再次包扎伤口，而且这样反复了好几次，直到血不再往外冒。

这名受伤的男子终于恢复了意识，向他们要水喝。皇帝跑到下面的河边，带回一壶干净的水。那时，太阳已经完全下山，夜晚的空气开始变冷。隐士和皇帝把人抬进小屋，放到隐士的床上。那个男人闭上眼睛，安静地躺着。经过爬山、翻土的漫长一天后，皇帝累坏了，倚着门就睡着了。当他醒来，太阳已经爬上山头。他一时忘了自己身在何处，为何来到这里。他往床那边看去，看到那个受伤的男子也正慌乱地看着他。当那个人与皇帝四目交接，他定下神来看着皇帝，轻声低语地说道："请原谅我。"

"你做了什么，要我原谅你？"皇帝问。

"您不认识我，陛下！但是我认识你。我是你的死敌，我立誓要复仇，因为在上次那场战役中，你杀了我的兄弟，抢走我的财产。当我知道你独自上山找隐士，我决定在你回程的路上突袭你，把你杀死。但我等了很久也没有看到你出现，于是离开埋伏的地方想找到你。可是我没找到你，反而先撞见你的侍从，他们认出了我，砍了我一刀。幸运的是我逃脱了，一路跑到这儿来。如果没遇见你，我现在必死无疑。我本想杀你，你却反过来救了我一命！我真是说不出的羞愧和感激。如果我活下来，我发誓余生都做您的仆人，我也会嘱咐子子孙孙同样侍奉您。请宽恕我吧！"

看到自己与宿敌这么轻易就和解了，皇帝欣喜若狂。他不但原谅了这名男子，还许诺归还他所有财产，派御医和仆人服侍他，直到完全康复。命令侍从护送男子回家后，皇帝回去见隐士。他想在回宫前，最后一次问隐士那三个问题。他发现隐士正在昨天翻过土的土地上撒种子。

隐士站起来看着皇帝："你的问题不是已经有答案了吗？"

"怎么说？"皇帝困惑地问。

"昨天，如果你没有同情我年老，帮我翻土的话，你会在回去的路上被那个人攻击，然后你会深深懊悔怎么没有留下来和我在一起。"

"所以，最重要的时刻就是你翻土的时候，最重要的人就是我，最重要的事就是帮我翻土。后来，当那个受伤的男人跑来这儿时，最重要的时刻就是你照料他伤口的时候，因为要是你不照料他，他就会死去，你也会失去与他和解的机会。同样，他是当时最重要的人，最重要的事就是照料他的伤口。"

记住，最重要的时刻永远只有一个，那就是现在。现在是我们唯一能主导的时间。最重要的人永远就是那个当下和你在一起、在你面前的人，因为谁也不知道将来你是否还会与他共处。最重要的事，就是让你身旁的人快乐，因为这就是人生所追求的。

托尔斯泰的这则故事，很像佛经里的故事，不逊色于任何经文。我们谈论为社会服务、为人民服务、为人类服务、为远方的人服务、为世界和平尽力。但是我们常常忘记：我们首先要为身边的人而活。

如果你不能为你的妻子或丈夫、孩子、父母服务，你将如何服务社会？如果你无法让自己的孩子快乐，你怎能期望自己可以让别人快乐？如果我们在和平运动或任何服务团体中的朋友不能互爱互助，我们能爱护谁、帮助谁？我们是为了服务人类，还是只为了组织的名誉而工作？

为谁服务？

为和平服务，为任何需要的人服务，服务的范围无所不包。

让我们先看看小范围：我们的家庭、同学、朋友。我们必须为他们而活，因为，如果我们不为他们而活，我们为谁而活呢？

托尔斯泰是位圣者 —— 我们佛教徒称为"菩萨"。可是，皇帝自己能够看到生命的意义和方向吗？

我们要如何活在当下，如何与周遭的人生活在一起，帮助他们减轻痛苦，让他们活得更快乐？该怎么做？答案是：我们必须修持正念。

　　托尔斯泰揭示的道理看起来很简单，但是若想付诸实践，我们必须借助正念，以求正道。

　　为了方便朋友们修习，我写了这些篇章。很多人都写过这些道理，但没有亲身实践。我只是写下自己所经历与体验的事。我希望你和你的朋友在回归自性的求道之路上，会觉得这本书有点用。

第八章

三十二个正念的练习

1. 早晨醒来时，轻轻地微笑

在天花板或者墙上挂一根树枝或其他标识，甚至"笑"这个字，好让你一睁开眼就能看到。这个标识有提醒你的作用。

利用起身前的片刻掌握好呼吸，轻轻地吸进并吐出三口气，同时轻轻地微笑，顺随你的呼吸。

2. 闲暇时，轻轻地微笑

不管在任何地方坐着或者站着，记得轻轻地

微笑。

看着一个小孩、一片树叶、一幅墙上的画，或任何其他相对来说的静物，保持微笑。

安静地吸气与吐气三次。轻轻地微笑，将你专注的所在视为你的真实自性。

3. 听音乐时，轻轻地微笑

听一段音乐，听上两三分钟。

专注在歌词、曲调、旋律与音乐情境上。

注意你的呼吸，轻轻地微笑。

4. 发怒时，轻轻地微笑

当你意识到自己在发怒，立刻轻轻地微笑。

安静地吸气、吐气三次，保持微笑。

5. 平躺，全身放松

背部平躺，不要用垫子或者枕头支撑。

双臂放松，平放在身体两侧，双脚微微张开，向外舒展。

轻轻地微笑。

轻轻地吸气、吐气。专注于你的呼吸。

放松全身肌肉。放松每一寸肌肉，就好像它正要沉到地底下，或像悬挂在微风中的一片丝绸那般柔顺。

完全地放松，只要专注于自己的呼吸和微笑。

把自己想成一只猫，全身软绵绵地躺在温暖的炉火前。当猫的筋肉松弛下来，任何人的抚触，它都不会抗拒。

持续呼吸十五次。

6. 坐姿放松

全跏趺坐或半跏趺坐，或双腿交叉而坐（印第安式坐姿），或跪坐（日式坐姿），甚至坐到椅子上，两脚着地。

轻轻地微笑。

吸气及呼气，保持微笑。

放松。

7. 深呼吸

背部平躺。

平稳轻柔地呼吸，把注意力集中在胃部的高低起伏。

当你开始吸气时，让腹部鼓起，好将空气带进下肺部。

当上肺部开始充满空气时，你的胸腔会开始鼓起。

腹部则会缩下去。

不要让自己累着了。

像这样继续练习呼吸十次。

一般来说，呼气会比吸气来得久些。

8. 用脚步测量呼吸

缓慢悠闲地散步，不论是在花园里，或是沿着河或在乡村小路上都好。

像平常那样呼吸。用脚步来测量呼吸的长度 —— 呼气和吸气的时间。

像这样继续几分钟后，开始借着多数一步来拉长呼吸，试着拉长呼吸时间。

不要强迫自己拉长吸气，自然就好。用心观察，看着自己是否会想刻意拉长吸气。

像这样继续呼吸十次。

现在，再多数一步来拉长呼气。

注意吸气是否也因为多走一步而拉长，只有在觉得拉长吸气会带来喜悦时，才拉长吸气。

像这样呼吸二十次，然后恢复平常的呼吸。五分钟后，可以再开始拉长呼吸的练习。觉得有点疲倦了，就恢复平常的呼吸。

反复几次拉长呼吸的训练后，呼气和吸气的时间会渐渐变得相等。

练习呼吸时间相等，不要练得太久，十到二十次就好。

然后就恢复到平常的呼吸。

9. 数呼吸

全跏趺坐或半跏趺坐，或散散步。

吸气时，要保持正念：我正在吸气，一。

呼气时，也要保持正念：我正在呼气，一。

记得要从腹部呼吸。

开始第二次吸气时，要保持正念：我正在吸气，二。

然后慢慢呼气，同样保持正念：我正在呼气，二。

像这样一直数到十，然后再从一开始数起。只要数错或忘了数，就回到一重新开始。

10. 听音乐时，顺随你的呼吸

听一段音乐。

深长地、轻柔地、平稳地呼吸。

顺随你的呼吸，但做它的主人，同时对音乐的旋律与情境保持觉知。

不要迷失在音乐中，要继续做你的呼吸和自己的主人。

11. 谈话时，顺随你的呼吸

深长地、轻柔地、平稳地呼吸。

在听朋友说话以及自己的回答时，顺随你的呼吸。

就像听音乐时那样继续练习。

12. 顺随你的呼吸

全跏趺坐或半跏趺坐，或散散步。

从腹部轻缓而平常地吸气，并保持正念：我正像平常那样地吸气。

呼气时，同样也保持正念：我正像平常那样地呼气。像这样继续呼吸三次。

在第四次呼吸时，拉长吸气，并保持正念：我正深深地吸进一口气。保持正念地呼气：我正深深地呼出一口气。继续呼吸三次。

现在，用心地顺随你的呼吸，觉知你的腹部和肺部的每一个动作。

跟着气息的出入。保持正念：我正在吸气，并自始至终都跟随着我的吸气。我正在呼气，并自始至终都跟随着我的呼气。

像这样继续呼吸二十次，再回到平常的呼吸。

五分钟后，重复方才的练习。

记得呼吸时要保持微笑。

一旦你能掌握这个练习，就可以继续下一个练习。

13. 运用呼吸，静定身心以知喜

全跏趺坐或半跏趺坐。

轻轻地微笑。

顺随你的呼吸。

当你的身心都安静下来，继续非常轻柔地呼吸，并保持正念：我正在吸气，让整个呼吸轻盈、平和。

我正在呼气，让整个呼吸轻盈、平和。

像这样持续呼吸三次，在正念中生起这样的想法：我正在吸气，我的身心都平静、喜悦。我正在呼气，我的身心平静、喜悦。

在正念中维持这样的想法五到十分钟，或一个小时都可以，这要看你的状况和你有多少时间而定。练习开始和结束，都保持放松且轻柔。

如果你想停止练习，先用双手轻柔地按摩双眼、脸颊与腿上的肌肉，再回到平常的坐姿。

稍等片刻，再站起来。

14. 对身体的姿势保持正念

这个方法可以在任何时间、任何地点练习。

先专注在呼吸上，比平常安静且深长地呼吸。

不论你在走路、站立、躺卧或者坐着时，都对身体的姿势保持正念。

要知道你在哪里走路，知道你站在哪里，知道躺卧在哪儿，知道坐在哪儿。

对你的身体为什么处于这种姿势，保持正念。

举例来说，觉察到你之所以站在山丘上，是为了让自己恢复精力，还是为了练习呼吸，或就是为了站着。

假如你没有任何目的，也要清楚观照自己并没有任何目的。

15. 泡茶时，保持正念

准备一壶茶款待客人，或泡给自己喝。

在正念中，缓缓地进行每个动作。

不要失去正念，让任何一个最细微的动作滑过去，心中要了了分明。

了知你的手正握住茶壶把手，提起茶壶。

了知你将清香暖热的茶水，倒入杯中。

每一个步骤都要在正念中进行。

比平常更轻且更深地呼吸。

如果你的心散乱了，就要先观照好自己的呼吸。

16. 在正念中洗碗

轻松地洗碗，就好像每个碗都是你观照的对象。

把每个碗都看作神圣的。

顺随你的呼吸，避免心思散乱。

不要想着快快结束这项工作。

把洗碗当成你生命中最重要的事情。

洗碗就是禅修。

如果你不能在正念中洗碗，那你也不可能在静坐中禅修。

17. 在正念中洗衣服

不要一次洗太多衣服。

只要挑出三或四件衣服来洗。

用最舒服的姿势站着或坐着，以免背痛。

放松地搓洗衣服。

注意自己用双手、双臂的每个动作，注意肥皂和水。

当你把衣服搓洗干净了，你的身心应该会感到像衣服一样干净清爽。

记住！只要你的心散乱，就保持微笑且看好呼吸。

18. 全神贯注地打扫房子

将工作分成几个步骤：清理东西，收整书籍，刷洗厕所，擦净浴室，打扫地板，清除灰尘。

为每样工作安排好相当充裕的时间。

动作要慢，是平常的三分之一。

对每样工作都全神贯注。

举例来说，整理架上的书时，看着书，觉知它是哪本书，了知自己正要把它放在哪个位置。

了知自己正伸手去够书，并取下它。

避免任何突然或粗鲁的动作。

对呼吸保持正念，特别是在心神散乱的时候。

19.慢动作洗个澡

给自己三十到四十五分钟洗个澡。

一秒也不要急。

从一开始准备热水，到最后穿上干净的衣服，每个动作都要保持轻缓。

注意每个动作。把注意力放在身体的每个部位上，不要有区别，也不要害怕。

对身上每一道水流保持正念。

当你洗完时，你的心应该像身体那般轻盈、平和。

顺随你的呼吸。

想象自己身处于夏日洁净清香的莲花池中。

20. 想象自己是一颗鹅卵石

静静地坐着并缓缓地呼吸时，将自己想象成是一颗将沉落在清澈河流的鹅卵石。

下沉时，没有任何目的引导你的动作，朝着河床柔软的沙地那完全的休憩处沉落。继续禅观那鹅卵石，直到你的身心得到完全的休息，就如那颗在沙地上休憩的鹅卵石。

将这样的平静、喜悦持续半个小时，同时注意自己的呼吸。

没有任何关于过去或未来的念头，能将你从当下的平静、喜悦中带离。

宇宙就存在于当下。

没有任何欲望能将你自此刻的喜悦中拉走，即使是成佛或度众生的大愿景都不能。了知到无论是要成佛或度众生，都必须以当下纯净的安详为基础，才能实现。

21. 正念日，做自己的主人

从一星期中抽出一天来，哪一天都好，只要能配合你的状况。

忘掉其他天要做的工作，不要安排任何聚会，或接待任何朋友来访。

只做些简单的工作，例如打扫房子、做饭、洗衣服和清扫灰尘。

一旦房子整洁干净，东西也都各归其位，就慢动作洗个澡。

之后，准备泡茶、喝茶。

你可能会读读经文或写信给好朋友。

然后，散散步来练习呼吸。

在读经或写信时，都要保持正念，不用让经文或信将你的心给牵引到其他地方去。

读经时，要了知自己正在读什么；写信时，了知自己正在写什么。

遵循同样的步骤，就像你在听音乐或和朋友聊天时所做的一样。

傍晚时给自己准备清淡的一餐，也许只要一点水果，或一杯果汁就好。

晚睡前再静坐一个小时。

在这一天，要散步两次，每次半个小时到四十五分钟。

睡前别再读任何书，而是练习彻底放松五到十分钟。

做你的呼吸的主人。

闭上眼睛，轻柔地呼吸（但别呼吸得太长），并跟随你的腹部以及胸腔的起伏上下起伏。

在这一天的每个动作，都该比平常至少慢一半。

22. 观照自己的五蕴

找一张你年幼的照片。

全跏趺坐或半跏趺坐。

开始顺随你的呼吸。

呼吸二十次后，开始专注于你眼前的这张照片。

回忆并体验拍摄这张照片时，组成你当时的五蕴：身体特征（色）、感觉（受）、知觉（想）、心的功能（行）与意识（识）。

继续顺随你的呼吸。

别让记忆把你给吸引走或将你完全席卷。

像这样禅修十五分钟。

保持微笑。再将正念转移到当下的自己。

觉察你此刻的身体、感觉、知觉、心的功能与意识，看看组成你的五蕴。

问自己：我是谁？把这个问题深植在心中，就像深埋一颗新生的种子在松软的泥土中，并且浇水滋润。

我是谁？这个问题，不该被当成一个用推论性思维去思索的抽象问题。

我是谁？这个问题，不可能借由理性思考来回答，只能以整个五蕴来面对。

别试着寻找一个理性的答案。

观照十分钟，保持轻缓的深长的呼吸，以避免被哲学性的思考拉走。

23. 观照自己与宇宙

独自坐在一间黑暗的房内，或夜里独自坐在河岸边，或任何能够独处的地方。

开始觉知自己的呼吸。

生起这个念头，我将用手指指着自己，然后指向相反的方向，而非指着自己的身体。

照见你自己外于你的色身而存在。

照见你的色身就在你的面前 —— 在树间、草地上、叶缝中，在河里。

清楚觉照到你就在宇宙中，而宇宙也在你之中。假如宇宙存在，你就存在；假如你存在，宇宙也就存在。

既无生，亦无死，既无来，也无去。

轻轻地微笑。

看好呼吸。

观照十到二十分钟。

24. 观照自己的骸骨

以你觉得舒服的姿势躺在床上、垫子上或草地上，不要用枕头。

开始顺随你的呼吸。

想象你全身只剩下一副白森森的骸骨，躺在地面上。

　　轻轻地微笑，继续顺随你的呼吸。

　　想象你所有的肌肉都腐烂、消散，只有骸骨躺在地上，想象你的骸骨已埋葬在地下，躺了八十年。

　　仔细观察你的头骨、脊椎骨、肋骨、髋骨、腿骨、臂骨与手指骨。

　　保持微笑，极为轻柔地呼吸，心与大脑皆澄澈、宁静。

　　你会了解那副骸骨不是你，你的色身不是你。

　　你与其他生命合而为一，不朽地活在树林与草地中，在其他人身上、在鸟兽间。在空中，也在海浪之间。

　　骸骨只是你的一部分，你无所不在，无时不在。你不仅是色身，甚至是受、想、行与识。

　　持续观照二十到三十分钟。

25. 寻找你出生前的本来面目

全跏趺坐或半跏趺坐，顺随你的呼吸。

集中注意力在你出生的起点 ——A。

了知到那也是你死亡的起点。

了悟你的出生和死亡同时存在显示：此之所以存在，是因为有彼。如果彼不存在，也就不可能有此。

了悟到出生与死亡的存在，是相互依存的：其中一个是另一个的基础。

了悟到你同时既是你的生，也是你的死，这两者并不敌对，而是同一实相的两面。

然后，专注在这双重显示的结束点 ——B，它总是被误称为"死亡"。

了悟到它乃是你生命显现的终点，也是你死亡显现的终点。

了悟到 A 之前与 B 之后，其实没有任何差别。

寻找你在 A 之前与 B 之后的本来面目。

26. 观照一位逝去的挚爱

以你觉得舒服的姿势坐在椅子上或躺在床上。

开始顺随自己的呼吸。

观照一位逝去的挚爱，不论他走了几个月或几年。

清楚地知道他全身的筋肉都已经开始腐化，只剩下一副骸骨静静地躺在地下。

清楚地知道你自己的筋肉仍在这儿，仍在你的身上，仍然有色、受、想、行、识这五蕴的聚合。

想想你和这个人过往与如今的互动。轻轻地微笑，随顺呼吸。

像这样观照十五分钟。

27. 了悟五蕴皆空

全跏趺坐或半跏趺坐。

开始调整你的呼吸。

观照五蕴（色、受、像、行、识）和合中的空性。

逐一思考五蕴中的每一蕴，要了悟一切都在变化，既是无常，也是无我的。

五蕴的和合就如所有现象的聚合，都依循着相互依存的法则。

它们的聚合与解离，就如山顶云雾的聚集与消散，既不要执着，也不要否认五蕴。

要了知，喜欢与厌恶都是现象，属于五蕴的和合。

清楚了悟五蕴是空的，是无我的，但它们都是绝妙非凡的存在，就像宇宙中所有的现象，或存在任何地方的生命一样奇妙。

试着了解五蕴并没有真的经历生灭，因为它们本身就是终极实相。

借着这个观照，试着了悟无常是一个概念，无我是一个概念，空性也是一个概念，你就不会被无常、无我和空性的概念所囚禁。

你将看到空性也是空的，而空性的究竟实相与五蕴的究竟实相，其实并无差别。

修行者必须彻底练好前面五个联系后，才能做到这项练习。练习时间视个人而定，可能是一个小时，也可能是两个小时。

28. 慈悲地观照你最恨的人

静静地坐着。

呼吸，轻轻地微笑。

观照那个最让你受苦的人的影像，观想他让你最恨、最轻视或最厌恶的特质。

试着检视这个人的日常生活，什么会让他快乐，什么又会折磨他。

观照这个人的"想"：试着看透这个人依循何种

思考模式与推理方式。

检视这个人希望与行动的动机是什么。

最后，思考这个人的"识"。

看看他的观点与知见是否开阔自由，是否被任何偏见、狭隘心胸、憎恨或愤怒所影响。

看看他是不是自己的主人。

像这样继续下去，直到你感到慈悲在你心底生起，犹如一口充满了清新之水的井，而你的愤怒与怨恨已然消散。

对同样的人，反复地做这项练习。

29. 观照他人的痛苦，生起慈悲

全跏趺坐或半跏趺坐。

开始顺随你的呼吸。

选一个就你所知最痛苦的人或最痛苦的家庭，或最痛苦的一个社团的情形，作为你观照的主题。

以个人为观照主题时，尽量看出那个人正在经历的一切痛苦。从色身的痛苦（疾病、贫困、身体的疼痛）开始。最好，开始思考由"受"所造成的痛苦（内在的矛盾冲突、恐惧、仇恨、嫉妒与内疚）。然后，再看看由"想"所造成的痛苦（悲观、以阴郁狭隘的心态思维所面临的问题）。看看他的"行"，是否被恐惧、失望、绝望或仇恨所驱使。看看他的"识"，是否因为他的处境、烦恼、他周遭的人、他所受的教育、宣传或缺乏自制而封闭起来。

禅观这些痛苦，直到你的心生起像一股清泉般的慈悲，直到你能了悟那个人是因为环境与愚痴而在受苦。你决定尽可能用最安静、最谦逊的方式，去帮助那个人脱离当前的困境。

以家庭为禅观的主题时，仍遵循相同的方法。先观照一个人的所有痛苦，然后再观照另外一个人，直到你检视完整个家庭的痛苦。了悟他们的痛苦就是你自己的痛苦，你不可能谴责这群人中的任何一个人，你必须尽可能以最安静、最谦逊的方式，帮助他们从当下的困境中解脱。

以社团为禅观的主题时，可以拿一个国家的情形当例子，而这个国家正饱受战争或其他不公、不义现象引起的痛苦。尽量了悟每个卷入这场斗争的人都是牺牲品，没有人希望痛苦继续下去，包括那些彼此斗争的党派，或看起来相互对立的两派。了悟并非只有某个人或少数几个人，要为这种情形而遭受谴责。

了悟这种情形之所以存在，乃是因为执着于意识形态，执着于一个缺乏公义的世界经济体系，而整个体系之所以屹立不摇，是因为每个人的愚痴和缺乏改变它的决心。了悟冲突的双方并非真的对立，而只是同一实相的两个面向。看出最重要的事就是生命，相互杀戮和彼此压迫并不能解决任何问题。

记住《维摩诘经》中的话：

劫中有刀兵，

为之起慈悲。

化彼诸众生，

令往无争地。

若有大战阵，

立之以等力。

菩萨显威势，

降伏使和安。

持续禅观，直到一切责备和仇恨都消失，直到慈悲与爱像一股清泉在你心中生起。发誓尽可能以最安静、最谦逊的方式，为觉知与和解而工作。

30. 以"无住行"的精神去工作

全跏趺坐或半跏趺坐。

顺随你的呼吸。

选取一个乡村发展计划或任何你觉得重要的计

划，作为你观照的主题。检视这项计划的目的、即将运用的方法，以及与它相关的人。首先思考这项计划的目的。

了悟这项工作志在服务，在减轻他人痛苦，在生慈悲心，而非满足受赞美或被认同的欲望。接着，了悟这个计划所使用的方法，是在鼓励人与人之间的合作，别将这个计划视为一种施舍的举动。最后，思考与这个计划相关的所有人。

你还在用谁在奉献、谁在获益的角度来看这件事情吗？如果你仍然对谁是服务者、谁是获益者而有所区别，你就是为了你和其他服务者而工作，而不是为了服务本身。

《金刚经》说：

如是灭度无量无数无边众生，实无众生得灭度者。

决心要以"无住行"的精神去工作。

31. 以缘起观来观照人生的成就

全跏趺坐或半跏趺坐。

顺随你的呼吸。

回忆你人生中重大的成就，逐一检视它们。检视引导你迈向成功的才华、品格、能力以及其他有利的条件。

你认为成功的最主要原因是自己，并因而感到自满和傲慢，检视这两种情绪。以缘起观来观照这整件事，看出你以为的成就并非真属于你自己，而是属于非你所能掌控的各种因缘条件的和合。

你能舍弃它们时，你才是真的自由了，不再被它们所困扰。

回忆你生命中最痛苦的挫败，逐一检视它们。检视你的才华、品格、能力，以及其他导致你挫败的不利条件。

检视你心中觉得自己不能成功所涌出的复杂情

绪，以缘起观来观照这整件事，了悟你之所以被挫败，并非因为你无能，而是因为缺少有利的因缘条件。了悟你根本无能为力去承担这些挫败，了悟这些挫败并非你个人的事。

了悟到这点，你就能自其中解脱。只有当你能舍弃它们时，你才真的自由了，不再受它们干扰。

32. 不受限于缘起法，也不背离它

全跏趺坐或半跏趺坐。

顺随你的呼吸。

运用缘起观的一种练习：观你自己、观你的骸骨，或观逝去的挚爱。

了悟一切事物皆无常，没有永恒的实体。

了悟虽然事物无常，没有永恒的实体，然而它们却绝妙非凡。

当你不再受任何的因缘条件束缚，也就不再受非

因缘条件的东西所束缚。

　　看看圣人，虽然不受限于缘起的教法，却也不背离它。虽然能将这个教法犹如一堆灰烬般地丢弃，却也能常安住其中，而不被它所淹没，犹如水上行舟一般。

　　一直观照，直到你了悟，悟道者不会被救度众生的工作所奴役，但也永远不会放弃救度众生的工作。

编后记

　　《正念的奇迹》是由一行禅师写给一位友人的长信整理而来，是其经典作品，也是具有实操性的修学指南，在中国乃至全球范围内拥有广泛的读者。核心内容是一个非常重要的概念：正念。什么是正念呢？一行禅师说，正念就是指对"当下的实相保有觉知"，即要清醒地知道自己在想什么、说什么、做什么，而不是对自己的言行举止毫不觉察，任意妄为。也就是说，要关注此刻正在做的事情和心灵感受。书中由此衍生出的活在当下、专注工作等理念，对于消除快节奏时代普遍存在的焦虑心理、帮助大家管理自己的负面情绪富有积极作用。